Stanisław Przybyszewski

Die Synagoge des Satan

Stanisław Przybyszewski

Die Synagoge des Satan

ISBN/EAN: 9783743366848

Hergestellt in Europa, USA, Kanada, Australien, Japan

Cover: Foto ©Lupo / pixelio.de

Manufactured and distributed by brebook publishing software (www.brebook.com)

Stanisław Przybyszewski

Die Synagoge des Satan

Die
Synagoge des Satan.

Ihre

Entstehung, Einrichtung und jetzige Bedeutung.

Ein Versuch

von

Stanislaw Przybyszewski.

Berlin
F. Fontane & Co.

I.
Die Entstehung der Satanskirche.

Zwei Götter giebt es ewig entgegengesetzt, zwei Erzeuger und zwei Herren ohne Anfang und Ende.

Der gute Gott erschuf die Geister, die reinen Wesen; seine Welt, das ist die Welt des Unsichtbaren, die Welt der Vollendung, die keinen Kampf und keine Schmerzen kennt.

Der schlechte Gott schuf das Sichtbare, das Körperliche und Vergängliche. Er schuf das Fleisch und die Leidenschaften, die Erde mit ihrem Kampf, ihren Qualen und ihrer Verzweiflung, das unermeßliche Erdenthal der Thränen, er schuf die Natur, die nur immer den Schmerz und die Verzweiflung und das Böse erzeugt.

Der gute Gott, das ist die Norm, das Gesetz, die Demuth und die Ergebung. Seinen Kindern sagt er: Seid arm im Geiste, denn nur so gelangt ihr in mein Reich! Seid kindlicher als die Kinder, tödtet euren Willen, folgt mir nach! Forschet nach keinem Ursprung und keinen Zielen, denn nur bei mir allein ist alle Vergangenheit und alle Zukunft.

Der schlechte Gott das ist die Regellosigkeit, der trotzige, hellseherische Sprung in die Zukunft, er ist die Neugierde nach den verborgensten Heimlichkeiten und der titanische Trotz, der schrankenlos alle Gesetze, alle Normen über den Haufen wirft. Er ist die höchste Weisheit und die höchste Verworfenheit, er ist der wildeste Stolz und die verschlagenste Demuth, denn nur so kann man die Regel übertölpeln. Er hat den Hoch= und den Wagemuth und die Herrschsucht geheiligt, und nennt es Heldenthum, er hat den Menschen gelehrt, daß es kein Verbrechen gebe, außer wider seine eigene Natur. Er heiligte die Neugierde, und nannte sie Wissenschaft, nach seinem eigenen Ursprung ließ er den Menschen forschen und nannte es Philosophie, und uferlos ließ er alle Instinkte in dem Strombett des Geschlechts sich breiten, und nannte es Kunst.

Gut war der böse Gott, ein guter Vater und ein gütiger Wegweiser: „Du bist krank, du willst gesunden? Sieh! überreich ist meine Erde an allerlei Kräutern, die dich heilen können, überreich an gefährlichen Giften, aber du kannst sie zwingen, daß sie dir als Heilmittel dienen.

„Du willst reich werden, du suchst nach verborgenen Schätzen? Oh, tausend Mittel habe ich, mit denen du deine eigene Seele aus ihrem Verstecke locken kannst, daß sie dir die kostbaren Adern der Erde offenbart. Denn deine Seele weiß Alles. Ihr und Mir ist derselbe Urbeginn.

„Du willst in die Zukunft schauen und deine Geschicke enträthseln? Geh', forsch' dem Flug der Vögel nach, horch' auf das Sausen der Blätter, schau in die Sterne, sieh in krystalne Spiegel, enträthsele die Linien der Hand — in tausend Formen hab' Ich deine Zukunft vorgeformt, aber forsche, suche, enträthsele, denn mein Gebot ist die Schärfe und die Verschlagenheit, die Umsicht und die Weitsicht und die schaffende Neugier.

„Du willst deine Feinde vernichten und willst nicht durch das Gesetz erreicht werden? Geh! Lerne deine Seele vom Körper zu trennen, und ich werde sie über Tausende von Meilen tragen, daß du unsichtbar das Gelüste deines Herzens befriedigst. Denn dein eigenes Wohl, deine eigene Entwickelung und Zukunft sei dir das höchste Gebot.

„Du hast dein Weib durch den Tod verloren? Ich habe Mitleid mit deiner Liebe, denn die Liebe, die dein Geschlecht fortpflanzt, ist nach meinem Herzen. Geh! Tausend Mittel habe ich, tausend Formeln, um dein Theures dem Tod zu entreißen!

„Alles versprech' ich dir, Alles sollst du schauen und Alles erhalten, wenn du meine Wege gehst. Aber meine Wege sind schwer, denn schwer ist jede Vollendung."

So sprach der böse Gott, so sprach der Lichtbringer und Satan-Paraklet, da ihm noch nicht sein großer Feind, der Jüngling von Nazareth geboren war. Und Viele gingen seine Wege, und in jahrelangen Mühen und Qualen erforschten sie die Geheimnisse des Himmels und der Erde, kehrten alle Dinge um, daß das Gift zum Heilmittel wurde, das Wasser ihnen die Zukunft zeigte, die vulkanischen Dünste, die der Erde entströmten, ihnen das geheimste Wesen der Dinge offenbarten. Und weiter und weiter drangen sie vor auf dem Wege des Schauens. Ein Kreis, den sie um sich zogen, eine Reihe von Vokalen, die sie nacheinander sprachen, ein Gebet, eine Handbewegung genügte schon, um ihre Seele mit dem ganzen Weltall in Verbindung zu setzen, alle Gesetze des Raumes und der Zeit aufzuheben und schrankenlos von dem Urbeginn an bis in die allerfernste Zukunft die endlosen Verkettungen von Ursachen und Folgen zu schauen.

* * *

Noch war zu jener Zeit Satan-Antichrist nicht geboren.

Der böse Gott war zweieinig.

Satan-Vater, Satan-Samvâja, Satan, der Dichter und der Philosoph, lebte in dem stolzen, allmächtigen und allwissenden Geschlecht der Magier. Er lebte in den verschwiegenen Mysterien der chaldäischen Tempel, und seine Priester waren die Hakamim (die Aerzte), die Khartumim (die Magier), die Kasdim und Gazrim (die Astrologen). Dieser Satan lebte in den Doktrinen des Mazdeismus, und seine Kinder, die Mag'en, die Großen, hüteten das heilige Feuer, das ihnen vom Himmel kam, und von Ahoura-Mazda, dem guten Gott, lernte Zarathoustra die Geheimnisse der Soma-Pflanze. Der ägyptische Thot, der Trismegistes legte das geheime Wissen in 42 Büchern nieder und lehrte seine Auserwählten die Bestandtheile der Körper, und die furchtbare Hekate theilte unter ihre Auserwählten die Gabe des magischen Schauens und Wirkens und vor allem die Gabe des unsichtbaren Todtschlags.

Aber neben Satan-Thot und Satan-Hekate lebte auf der Erde Satan-Satyr, Satan-Pan und Satan-Phallus.

Er war der Gott der Instinkte und der fleischlichen Lust, im selben Maße verehrt von dem Höchsten im Geiste wie vom Niedrigsten, er war der unerschöpfliche Quell der Lebensfreude, der Begeisterung und des Rausches. Er hat das Weib die Verführungskünste gelehrt, die Menschen in doppelt geschlechtlichen Trieben ihre Lüste befriedigen lassen, in Farben hat er geschwelgt, die Flöte erfunden und die Muskel in rhythmische Bewegung gesetzt, bis die heilige Mania die Herzen umfing und der heilige Phallus mit seinem Ueberfluß den fruchtbaren Schooß besamte.

Denn Pan war Apollo und Aphrodite gleichzeitig. Er war der Gott des Heimathherdes und des Bordells gleichzeitig. Er hatte philosophische Systeme verfaßt, er hat Museen und herrliche Tempel gebaut, er hat die Medizin und die Mathematik gelehrt und gleichzeitig seinen Tempel in dem Astarteion, einem immensen Bordell, gehabt, dem Astarteion, in dem die Priesterinnen in jahrelangen Uebungen alle geschlechtlichen Künste, alle nur denkbaren Mittel der geschlechtlichen Befriedigung erlernten.

Zu dieser Zeit, um die Zeit des Kaisers Tiberius, da die große Wanderung der Götter nach Rom begann, der Zeit der höchsten Verfeinerung und des aristokratischsten Lebensgenusses, besann sich der „gute" Gott, der bis jetzt in seinem unsichtbaren Reich in beneidenswerther Indolenz thronte, daß das Maß der Sünde übervoll war, und er schickte seinen Sohn auf die Erde, daß er der Brut des „schlechten" Gottes die triste Wahrheit des Unsichtbaren beibringe.

Und er kam auf die Erde, der Sohn des „guten" Gottes, und offenbarte sich zuerst den Armen, den Unterdrückten, den Sklaven und den Tagelöhnern, die nichts von den heiligen Freuden des Pan gekostet haben.

Warum kümmert ihr euch um das tägliche Brot? Wer kleidet denn die Lilien in die schönsten Farben, wogegen Scharlach und Brokat leere Lumpen sind? wer ernährt die Vögel, die nicht säen noch ernten? Warum strebt ihr nach irdischen Gütern, die doch vergänglich sind? Was hat euer Stolz zu bedeuten, wenn der Höchste auf Erden der Niedrigste im Himmelreich wird? Und eure Fleischeslust, ist sie nicht die Pforte zur Hölle?

Oh, die arme Fleischeslust, die Fleischeslust ganz besonders, der Sitz aller Leidenschaften, der unerschöpfliche Quell der Liebe zum Leben, der Wille zur Ewigkeit des Lebens, mußte vernichtet werden, damit das Reich des Unsichtbaren über die Erde komme.

Der Meister sagte, daß man bereits ein Weib schändet, wenn man es begehrlich ansieht, — der Schüler geht viel weiter: Der heilige Cyprian sagt von dem Mädchen, das so beschaffen ist, daß sie bei einem Mann Liebesseufzer erregen kann, sie sei schamlos, und hat sie gar Jemanden in Liebe, wenn auch unwissend, entbrennen lassen, dann sei sie überhaupt keine „Jungfrau" mehr.

Weib! Was hast du und ich mit einander gemein? fragt der Meister. Die Schüler gehen weit über den Meister hinaus. „Tu es diaboli janua," schreit Tertullian, „tu es arboris illius resignatrix, tu es divinae legis prima desertrix, tu es, quae eum persuasisti, quem diabolus aggredi non voluit." — „Omnia mala ex mulieribus," jammert der hl. Hieronymus, ja, er stellt sogar die Behauptung auf, daß das Weib überhaupt nicht ad imaginem Dei geschaffen sei, denn die heilige Schrift sagt nichts von der Seele bei Erschaffung des Weibes.

Der gute Gott des Unsichtbaren haßte die irdische Schönheit. Er haßte Alles, worin Satan-Pan seine heiligsten Offenbarungen feierte, denn er lehrte die Nichtigkeit und die Vergänglichkeit dieser Welt. Jedes Verlangen, die geringste Revolte des Fleisches war eine Sünde, die mit langen Jahren der härtesten Buße bestraft wurde. Tertullian wüthet mit fanatischem Haß gegen jeden Purpurstreifen, mit dem das Weib sich das Kleid umsäumt, Lactantius verflucht die Dichter und die Philosophen, welche unbewachte Seelen ins Verderben ziehen, man vernichtet die Malerei, denn: „quod nascitur, opus Dei est, ergo quod fingitur, diaboli negotium." Das Theater und der Zirkus wurden zu „diaboli figmenta", ja die heiligen Väter warnen selbst vor den Farben der Blumen, denn der Dämon, der böse Feind kleidet sich am liebsten in Farbe und Pracht.

Jsaurius der Jkonoklast wetteifert mit Gregor dem Großen in der Zerstörung der Bildwerke. Theodosius II. läßt alle Tempel zerstören und überall das Kreuz aufpflanzen. Man vernichtet durch die fatalsten Fälschungen die herrlichsten Kunstwerke der Dichter, oder zerstört sie ganz, denn der Diabologe Cyprian lehrt, daß in den Gedichten „varia daemonia" stecken. Die Priesterin der Aphrodite wird zur Hure, die Jeder mit Schmutz bewerfen kann, und die Liebe — Gott, die Liebe! „amor si vincitur, diabolus vincitur!" Die ganze Natur wird proskribirt, namentlich die heilkräftige Natur! Gott hat die Krankheit geschickt, u'm den Menschen schon einen Theil seiner Sünden hier auf Erden abbüßen zu lassen, und es ist Sünde, Gottes Rathschlüsse zu vereiteln. Höchstens waren noch die Exorcismen bei den Besessenen erlaubt, nicht etwa, um die Krankheit zu heilen, sondern nur um die triumphirende Macht des guten über den bösen Gott zu bezeugen.

Ubique daemon! Nach Hieronymus ist die ganze Luft voll von Dämonen, die von ihrem Geschrei und Wehklagen über den Tod der Götter erzittert, in jeder Blume, in jedem Baum steckt der Dämon, denn er ist die Freude und die Fruchtbarkeit, Reichthum und Schönheit. Er bringt den Tag als Lucifer und er beschließt ihn mit dem Licht der Venus, die die üppigen, wollüstigen Träume bringt. Die ersten Jahrhunderte kennen nur eine Religion, den Kampf gegen den Dämon.

Aber der Kampf war nicht leicht.

In ihrem fanatischen Wahnsinn warf sich die Kirche gegen die tiefsten und heiligsten Bande, die den Menschen an das All knüpften. Sie hat den Menschen von der Natur gewaltsam losgerissen, ihn isolirt, zwischen Himmel und Erde gehängt. Die geheimen Rapporte, mit denen die nackte Seele des Menschen, die Seele als absolutes, vom Gehirne völlig unabhängiges Phänomen, mit der Natur in Verbindung stand, wurden satanisirt, als Blendwerk des Satans erklärt.

Die Menschen des Alterthums standen zu der Natur in intimster Beziehung. Sie lebten unmittelbar mit und in der Natur, sie waren ein Stück von ihr, ein Stück Nerv, der die geringsten Veränderungen in der Natur nach außen signalisirte. Und, wenn alle Erfindungen des menschlichen Geistes nur Organprojektionen sind, so war aller polytheistische Kultus eine Organprojektion der Natur in ihrer sequenden und zerstörerischen Macht. Und wie die Seele den Mechanismus des Körpers, den sie von innen anschaut, nach außen projizirt, so hat sich die Natur selbst in mächtigen Symbolen in dem heidnischen Kultus geoffenbart.

Zu einem wüsten Kampf zerreißt die Kirche Stück für Stück die Adern, durch die das Blut der Erde in den Menschen strömte. Sie zerstört die unbewußte Zuchtwahl der Natur, die sich nach außen in

Schönheit, Kraft und Herrlichkeit äußert, sie beschützt all' das, was die Natur ausstoßen will, wogegen sie so mächtig revoltirt: den Schmutz, die Häßlichkeit, die Krankheit, den Krüppel und den Kastrirten. Am liebsten hätte die Kirche alle Menschen kastrirt, das Licht ausgelöscht, die ganze Erde vom Schwefelregen verzehren lassen und ihre einzige Sehnsucht, ihr brennendstes Verlangen, das war der heiße Wunsch, daß doch das versprochene jüngste Gericht endlich einmal kommen möchte.

Aber der Nerv, die Blutader ließ sich nicht so leicht zerreißen. Besonders das Volk, das erdgeborene, wurzelte noch fest in der Erde. Die geringste Gelegenheit benutzte es, um zu seinen geliebten Erdgöttern zurückzukehren.

In den blutgierigsten Gesetzen richtete sich die Tobwuth der Christen gegen die Heiden, aber der Dämon, d. h. die Erde, die Natur, war unzerstörbar. Er ging in die Wälder, verbarg sich in unzugänglichen Höhlen, versammelt hier seine Gläubiger und feiert wüste Bacchanalien.

* * *

Aber am stärksten richtet sich die fanatische Tobwuth des Hasses gegen den Satan-Magier, Satan-Mediciner. Seid arm am Geiste und demüthig, seid gehorsam, ahmt nach, denkt nicht! Das war das oberste Gesetz der Religion für imbecille Volksmassen. Aber der Magier war stolz, denn er trotzte allen Gesetzen. Gegen das Gesetz der Schwerkraft hob er sich in die Luft und ging nicht im Wasser unter. Wenn er wollte, so könnte man ihn ins Feuer werfen, und er ging heil heraus. Der Magier war zu stolz, um nachzunahmen; wenn er wollte, so könnte er ebenso gut Gott werden wie Christus. „Christus vermochte nichts mehr als ich, ich kann mich auch durch die Tugend vergöttlichen", sagte Teodorus von Mopsuesta. Der Magier verachtete die Armuth im Geiste, denn er erbrach alle Geheimnisse und enträthselte alle Heimlichkeiten. Aus den Sternen bestimmte er die Nachfolger der Kaiser und wußte die Zukunft aller Völker. Der Magier war das, was Christus selbst war, der trotzige Verbrecher an allen Gesetzen, der wissende Seher, er war Gott, aber der Magier war stolzer als Christus. Christus plebeisirte seine Lehre. Zu Mitverbrechern an altem Bunde machte er Bauern und Knechte, die kindlicher waren als Kinder. Der Magier pflanzte seine Lehre nur in den stolzesten und mächtigsten Seelen fort.

Gegen diese trotzigen Titanen richtete sich die christliche Wuth, der Haß der Plebejer und der Armen im Geiste, der Gesetzanbeter und derer, die nichts vermochten, außer „nachzunahmen". Schon das Gesetz von Constantinus setzt schwere Strafen auf die Magie. Nun folgt ein Gesetz nach dem andern, eins strenger als das andere, bis unter Kaiser Valens alle Philosophen ausgerottet wurden, darunter der geniale Jamblichus, der sich im Gefängniß vergiftete. Es genügte schon, ein philosophisches Buch zu haben, um sein Leben auf das Spiel zu setzen, und um diesem Schicksal zu entgehen, verbrannten alle Bewohner sämmtliche Bücher. Und nun begann das furchtbare Martyrium der stolzen Satanskinder, wogegen die Christenverfolgung unter Nero als ein anmuthiges Spiel erscheint.

In dieser Zeit wurde der Magier zum Priester. Um ihn herum sammelten sich die heidnischen Gemeinden, und alle Ueberreste des Heidenthums gehen in die Magie über. Freilich verlieren sie ihre symbolische Kraft, ihren Inhalt. Keiner wußte, was die Zeichen und Symbole zu bedeuten hatten, aber auch hier wußte sich der Magier zu helfen. Er verlieh den Zeichen eine mystische Bedeutung, die nach und nach eine enorme Suggestion auszuüben anfingen. Die Worte, deren Bedeutung keiner mehr kannte, wurden zu einem mächtigen magnetischen Mittel, mit dessen Hülfe der Magier den Rapport zwischen seinem Gebieter und seiner Seele herstellte.

Die Kirche sah ein, daß sie mit Strafen und Torturen nichts auszurichten vermag. In ihrer Fähigkeit nachzuahmen und nur nachzuahmen, griff sie zu dem „Rückschlag" dem „choc en retour", der eine so große Rolle in der Magie spielt.

Die Beschwörungen mit den magischen Zeichen wurden durch das Weihwasser, die Sakramentalien und das Kreuzzeichen ersetzt. Die magische Evocatio wurde durch die Messe paralysirt, mit Weihwasser wurde der Satan ausgetrieben, und hat der Magier im Namen des Satans ein Gewitter gesammelt, so konnte der Christ es mit dem Kreuz zerstreuen.

Aber je länger der Kampf währte, um so mehr mußte die Kirche nachgeben. Sie wurde gezwungen, den heidnischen Kultus mit dem ihrigen zu verquicken. Die Bacchanalien bei den Festen der Ceres Libera wurden bei den Prozessionen an den Mariafesten mit größerer Ausgelassenheit gefeiert als je zuvor, und bis in das 13. Jahrhundert hinein feierte das Volk zusammen mit dem Priester lascive und orgiastische Feste, das Fest des Esels, das Fest der Idioten (fatnorum) — Reste des Phalluskultus verkrochen sich in die Kirche, die Säulen-Kapitäle strotzten von obscönen Figuren, und ein beliebter Vorwurf für die Reliefs an den Kirchen war Noah, wie er den Beischlaf an seinen Töchtern ausübt. Besonders aber die Hölle! Gott! Wie prachtvoll!

Da brauchte sich das armselige Gehirn der Kirchenväter und der Kirchendoktoren, die so lustig und so naiv und so umfangreich Einer den Anderen abschrieben, nicht anzustrengen. Hades frappirt im hohen Maße den braven Eusebius. Nun ja, selbst der Dämon kann ab und zu gute Offenbarungen haben, aber verwunderlich war es jedenfalls, daß die Heiden so genau die Hölle kannten. Rabanus Maurus vergißt bei seiner Beschreibung der Hölle nicht einmal den Phlegeton, Cocytos und Styx, und im ganzen Mittelalter sieht man den Kahn des Charon als den Kahn des Teufels.

* * *

Ueberall der Dämon! Satan triumphirt über Christus. Zuerst als ein Schreckmittel, um die Herrschaft des Christus zu befestigen, wird er jetzt ein allmächtiger Herr, den die Welt fürchtet und zu besänftigen sucht. Man wagte kaum zu athmen, daß der böse Geist nicht in den Körper hineinfahre. Im 4. Jahrhundert sieht man eine ungeheure Sekte der Massalier, die sich vom Teufel besessen glaubten, man sieht sie unablässig um sich schlagen, schreien, spucken, sich in den entsetzlichsten

Konvulsionen winden, um sich von dem Bösen, dessen Name „Legion" ist, zu erwehren.

Satan vertausendfacht sich. Er wird zum Theologen, geht in die Wüste und quält die heiligen Väter mit den verfänglichsten Fragen, er säet in ihre Seele Tausende von Zweifeln und Bedenken, er geht in die Klöster und exaltirt das abgequälte Hirn der Mönche durch die unzüchtigsten Bilder, er besucht die frommen Frauen bei Nacht, benimmt ihnen den Willen und den Verstand und zwingt sie zur schändlichsten Unzucht, er fährt in das Hirn von Tausenden und Abertausenden der Gläubigen und schreit die wüstesten Flüche und Blasphemien aus.

Die Kirche kann sich kaum mehr des Satans erwehren. Der Exorzismus nimmt in der Liturgie einen immer größeren Platz ein. Keine Messe wurde mit einem solchen Pomp gefeiert, wie er bei den Exorzismen entfaltet wird, man wagt kaum mehr eine religiöse Zeremonie vorzunehmen, ohne zuvor jeden Winkel der Kirche zu exorzisiren, ja man exorzisirt unter Sixtus V. einen ägyptischen Obelisk, bevor er in Rom aufgestellt wurde.

Aber je wüthender der Kampf seitens der Kirche geführt wurde, um so stärker wird Satan. Die Besessenheit nimmt überhand, Satan höhnt Gott durch die brüllenden Stimmen der Besessenen, er verrichtet Wunder vor der Menge der Gläubigen. Er sagt dem Priester seine geheimsten Sünden, er prophezeit Dinge, die wirklich eintreffen, er hebt den Körper des Besessenen in die Höhe und läßt ihn mit aller Kraft niederstürzen, ohne daß der Betreffende auch nur den geringsten Schmerz erleidet.

Die Kirche greift zu verzweifelten Mitteln. In der richtigen Voraussetzung, daß jede starke Leidenschaft den Menschen dazu prädisponirt, vom Teufel besessen zu werden, verbietet sie ihre geringste Aeußerung. Jede Leidenschaft hat ein Dämonium; wird die Leidenschaft getödtet, so wird der Dämon getödtet.

Die Welt wird verzweifelt. Wie soll sie sich gegen den Satan und seine Verführungen schützen? Wie soll man sich schützen gegen die ewig, stündlich aufsteigenden unzüchtigen Hallucinationen, die tausend höhnenden, lachenden Stimmen, die Satan gegen Gott richtet? Und jeder Gedanke ist Sünde: die Jungfrau, die ohne ihr Wissen verliebte Seufzer der Jünglinge „nach sich zieht", sündigt, schon dadurch verliert sie nach dem Ausspruch des heiligen Cyprian die Jungfrauschaft. Das Weib, das schön ist, sündigt ohne zu wissen, denn durch ihre Schönheit wurde sie zur Sichel, mit der der Satan seine Ernte mäht (Anselmus). Der Mönch, den der Dämon von dem Kreuze wegschleppt, sündigt, denn er hatte nicht Kraft genug, auszuharren. Der Ehemann sündigt, weil er dem „Negotium" der Kinderzeugung mit mehr Interesse obliegt, als der Liebe Gottes. Die Nonne, die sich mehr als zweimal im Monat wäscht, sündigt — überall Sünde, überall ewige Verdammniß; mit einem Gedanken, einer einzigen Handlung verliert man das Anrecht auf das Paradies und verfällt dem Satan. Und ist man einmal verfallen, dann ist das Heil verwirkt. Denn selbst Heilige gestehen, daß viele Teufel die Exorzismen mißachten und sie gar nicht fürchten.

* * *

Und in dieser Zeit des Massenwahnsinns, der ansteckenden Hystero-Epilepsie, die sich mit rasender Schnelligkeit über die Erde breitet und in tausenden verschiedenen Formen die Menschen krampft, in der Zeit, in der man immer und ewig das Ende der Welt erwartet und in wildester Verzweiflung vor dem nahenden Weltgericht lebt, entsteht der Glaube an den Paraklet des dreieinigen Satans, an Antichrist.

Und die Zeit, in der seine Herrschaft beginnen sollte, war schon nahe. In brevi tempore saeviet, sagt Cyprianus, und Lactantius sagt, daß die Zeit bereits da ist.

Ueber diesen Antichrist herrschten die seltsamsten Anschauungen. Er ist der Mensch der Sünde, er ist der Sohn des Verderbens, der Gesetzlose, der Widersacher, der Verbrecher. Er wird erzeugt von einem Papst und einem Succub, oder auch „immundissima meretrice et crudelissimo nebulone." Die Sünde ist sein Element, aber er ist groß in der Sünde, größer noch als Christus in der Tugend. Alles was dieser gelehrt hat, wird er umstürzen, alle Sünde zur Tugend erheben. Christus hat sich erniedrigt, er wird sich in den Himmel erheben, wird seinen Einzug in den „Tempel" halten und sich als Gott ausrufen lassen. Er wird Christi Diener niedermetzeln lassen und mit frechem, stolzem Munde schreien: Ihr Blut über uns und unsere Kinder! Er wird Wunder verrichten, wie sie nicht größer der Gottessohn verrichtet hat. Und seine Macht wird sein wie die, von der es bei Job 41 heißt: Keine Macht auf der ganzen Erde ist zu vergleichen der Gewalt desjenigen, der gemacht ist, daß er Niemand fürchte; der alles Erhabene sieht, und der König über alle Söhne des „Hochmuths" ist.

Und der Antichrist kam. Aber nicht der Antichrist der materiellen Herrschaft, sondern der des Geistes, des Stolzes und der Erhabenheit: der göttliche Mani.

Satan wurde es langweilig, in der Raserei der Epileptiker zu toben, er bekam es satt, in der Unzucht mönchischer Träume zu leben, das dumme Spiel mit den Exorzismen belustigte ihn nicht mehr. Gott wollte er werden, Gott, bevor er noch den wirklichen Antichrist erzeugen durfte, Gott im Reiche des Geistes, ein stolzer, wilder Gegengott, der den Nazarener, den Usurpator der Erde, wieder in sein unsichtbares Reich zurückdrängte.

Und also sprach Mani, die uralte heilige Weisheit: Zwei Götter giebt es, gleich starke, gleich mächtige und ewig entgegengesetzte Götter, den unsichtbaren Gott das Guten, der im Himmel thront, sich um die Erde nicht kümmert und nur für die Vollendung seiner Auserwählten lebt, — dann giebt es einen Gott, den Gott der Sünde, der die Erde regiert. Sünde giebt es nicht, denn die Sünde kommt ebenso von Gott wie die Tugend von dem andern Gott kommt, dem idolenten Gott, der da sagt: Strengt Euch nicht an, ahmt mich nur nach.

Die Gnosis und der Manichäismus verbreiten sich wie Lauffeuer über die christliche Welt, und zum ersten Mal erhebt sich die Frage: Christ oder Manichäer, das Märchen von dem freien Willen oder die Thatsache der Determination, stupide Imitatio oder die selbstherrliche Phantastik der Mystik, demüthiges Sklaventhum oder stolzes Sündigen im Namen des Satan-Instinktes, Satan-Natur, Satan-Neugierde und Satan-Leidenschaft.

Wieder siegte die Kirche. Im dreihundertjährigen Kampfe mußte Satan die Waffen strecken. Sein erstes, grandioses, antichristliches Avignon wurde mit furchtbarer Grausamkeit zerstört, und Satan lästert in finsterer Verzweiflung.

Ich bin der Gott des Lichtes! Du böser Gott der Rache hast mich hinabgestürzt, weil ich Licht war. Deine Eifersucht auf meine Schönheit, meinen Glanz und mein Licht war größer als meine Macht, aber fürchte mich jetzt, fürchte meinen Stolz und den Haß des Mächtigen. Ich, das ewige Licht, schlafe nicht, und meine Kinder, die ich mit dem ewigen Licht großgesäugt habe, schlafen nie. Aber deine Kinder, die das Licht hassen, die das Licht fürchten, deine Kinder, die in niedriger Sklaverei vor deinen Füßen kriechen, deine Kinder, müde von dem Kampf mit mir, sie müssen schlafen. Sieh! Ich bin der Fürst unter Fürsten, ich verkehre mit ihnen, ich tanze mit ihnen — du bist ein finsterer Despot unter kriechenden Würmern.

Nimm dich in Acht!

Millionen von den Meinen habe ich deiner Rache geopfert, Millionen werde ich noch opfern, willig opfern, denn Millionen sind nur Dung für den Einzigen, der auch nur den Einzigen zeugt.

Die Gemeinde hast du vernichtet, aber nie wirfst du den Einen vernichten, der tausend neue Gemeinden zeugen kann.

Nimm dich in Acht und fürchte meine Rache!

* * *

Und Satans Rache kam. Er hat sich in die Erde hineingewühlt: die Erde wurde besessen.

Um das Jahr Eintausend begann die Menschheit an Gott zu verzweifeln. Es kamen Zeichen und Wunder über die Erde. Das Heer Otto des Großen sah die Sonne im Verlöschen, und gelb wie Safran. In Rom besuchte der Teufel in eigner Person den Papst Silvester V., die Reihenfolge der Jahreszeiten schien sich umgedreht zu haben: es schneite im Sommer und schweres Gewitter entlud sich mitten im strengsten Winter. Das „heilige Feuer" fraß auf das Fleisch der Menschen, so daß es in brandigen Fetzen von den Knochen abfiel, die Erde delirirte unter die Menschen wurden zu Bestien. In der Hungersnoth, die zu jener Zeit die ganze Welt heimsuchte, fing man an, Menschenaas zu fressen. Der Heißhunger nach Menschenfleisch wurde zur Manie. Man verachtete das thierische Fleisch, man beachtete es nicht einmal. Menschen sollten Menschen auffressen, so hat es der rachsüchtige Satan gewollt. Zuerst warf man sich auf das Fleisch der Kinder, dann wurden die, die auf den Wegen fielen, gebraten, bis zuletzt Einer es wagte, öffentlich Menschenfleisch feilzubieten.[1]) Und es kamen in zahllosen Heerden die Wölfe aus den Wäldern und fraßen Diejenigen, die noch am Leben geblieben waren, und große Angst beherrschte die Erde, daß sie entvölkert werde. Und es kamen die Prälaten und die Obersten der Städte zusammen und beriethen, wie man wenigstens die Stärksten am Leben erhalten könnte, damit die Erde nicht ausstürbe.

---

[1]) Glaber.

Vergebens suchte man Gott auszusöhnen, vergebens schwören sich die erbittertsten Feinde die „treuga Dei", vergebens singen die Könige, bekleidet mit Krone und Scepter, mit den Chorknaben zusammen die verzweifeltsten Gebete — Alles umsonst.

Hilft nicht Gott, muß Satan helfen! Und man fing an, Gott zu verhöhnen, seinen Leib in Schmutz und Koth zu treten, seine heiligsten Zeichen zu bespeien. Satan begann zu ernten. Er hat lange genug den Verzweifelten hohnlachend zugeflüstert: Seht, wie gütig Euer Gott ist! Seht ihr nicht, daß er Euch bereits verdammt hat und nichts mehr von Euch wissen will?

Nun, sind wir einmal verdammt, dann hilft nichts mehr dagegen. Allons! ergeben wir uns ganz dem Satan.

Christus hat sein Blut für das Heil der Menschen vergossen. Heh! Heil?! Was war das für ein Heil, daß Menschen einander auffressen mußten, daß die Erde wie glühendes Eisen unter den Füßen brannte, und die Pest das Fleisch an den Knochen abfaulen ließ?

Hohn, dreimal Hohn diesem Heil! Speien wir auf das Heil, das nach dieser irdischen Hölle kommen soll. Und am Ende ist das zukünftige Heil nur eine Lüge, wie Alles, was das Heil hier auf Erden versprach? Denn sieh'! Die Kirche, Christi heilige Braut, wurde zu einer Hure, die sich verkaufte und den infamsten Schacher trieb.

In dieser Zeit, da es als eine Schande galt, „ohne Erde" zu sein, da es keinen Herrn ohne Erde geben konnte, war die Erde etwas Unveräußerliches. Sie ist untheilbar wie ein Mensch und muß ungetheilt bleiben. Sie geht auf den ältesten Sohn über.

Was sollen aber die anderen Kinder machen? Nun, wozu war die Kirche da? Der Gottestempel wurde zur Synagoge des Satan, des gütigen Vaters, der die schmutzigste Leidenschaft braucht, um das fruchtbare Böse zu zeugen.

Die zahllosen Kinder der Barone und Herzoge wurden zu Aebten und Bischöfen. Das Volk wird zusammengerufen und nun: Wähle, oder... Das Volk hat nie das „Oder" erwartet, es wählte. Atto de Verceil erzählt, wie man ein kleines Kind von sechs Jahren zum obersten Seelsorger zahlloser „Schafe" wählte. Es bestieg einen Stuhl, plapperte ein paar Sätze aus dem Katechismus und wurde zum Bischof ausgerufen. Manchmal vergaß das Kind die paar Sätze. Nun, man hat sich dann mit einer Taube ausgeholfen, die sich plötzlich auf seinen Kopf niedersetzte: sieh! dann war es noch günstiger. Der heilige Geist hat selber gewählt.

Gleichzeitig skandalisiren die würdigen Nachfolger des hl. Petrus die ganze Welt. Zwei Weiber machen ihre Geliebten zu Päpsten, der Sohn eines Juden und ein zwölfjähriger Knabe entscheiden über die Schicksale der Christenheit.

Der gütige Vater der Sünde ist zufrieden. Nun weiß er seine Herrschaft befestigt. Die Kirche besinnt sich. Reform der Kirche! schreit die ganze Welt. Und Papst Gregor VII. fängt an zu reformiren. Das Weib, ob immer und wieder das Weib, muß in der Kirche zerstört werden. Mit wildem Eifer kündigt der fanatische Mönch-Papst das Cölibat. Selbst ein Mönch, wiegelt er die Mönche gegen die weltlichen Priester auf. Der Mönch wirft seine Brandfackeln unter das Volk, und nun beginnt ein entsetzlicher Terror. Der zerstörerische Instinkt des Volkes, dieser ewig hungrigen Bestie, entfesselt sich uferlos. Gab es eine bessere Gelegenheit sich an seinem Blutsauger zu rächen, der tausendmal schlimmer gegen das Volk wüthete als der Schloßherr selbst? Und das Volk wirft sich auf die Priester, die sich mit hartnäckiger Verzweiflung weigern, ihre Frauen zu entlassen, man treibt sie von den Altären weg, ohrfeigt, verstümmelt sie, oder man reißt sie in der Kathedrale in Stücke. Das Volk tritt mit den Füßen, besudelt, bespeit das, was es noch unlängst als heilig verehrte. Man trank den heiligen Wein, nachdem man ihn mit Urin vermischte, und warf in alle Winde die geheiligten Hostien. Die Macht des Priesters war gebrochen. Man glaubte nicht mehr an seine Gottesvertretung. Es giebt keine Macht und keine Autorität. Der Mönch und der Pöbel beherrschen die Welt. Dunstan läßt die Konkubine des englischen Königs verstümmeln, Papst Gregor VII. belohnt einen Abt, der einen Mönch kastriren läßt, mit dem Bisthum, und der Theologe Manegold lehrt öffentlich, daß der verheirathete Priester getödtet werden solle.

Die Natur wird vergewaltigt, die Kirche stößt das Weib mit Abscheu zurück als ein unreines Thier, eine Schlange des Satans, als den verkörperten ewigen Tod des Mannes. Der fanatische Wütherich Pietro Damiani durchläuft ganz Italien, und in zahllosen Predigten wendet er sich immer von Neuem gegen das Weib. C'est à vous que je m'adresse, écume de paradis, amorce de Satan, poison des âmes, glaive des coeurs, huppes, bijoux, chouettes, louves, sangsues insatiables.... Die heiligen Doktoren erklären, daß man sich vom Weibe fernhalten müsse, da die Welt genug bevölkert sei und die Welt so wie so bald untergehen werde, und Peter von Lombard stellt den Grundsatz fest, daß die Ehe eine Sünde sei, zum mindesten eine läßliche Sünde.

* * *

Mit der Natur ist die Kirche glücklich fertig geworden. Der Priester wurde von seinem Weib weggerissen, um sich einer unsagbaren heuchlerischen Geschlechtsschweinerei hinzugeben. Seine Ehe wurde getrennt, nun fing er an Nothzucht zu treiben und seinen männlichen Schäfchen die Hörner aufzusetzen. Aber, wie gesagt, das Cölibat wurde so ziemlich allgemein durchgeführt.

Nun mußte die Kirche noch mit der Vernunft fertig werden. Hat man früher verboten, nach dem Wesen des Gottes zu forschen, so verbietet man jetzt überhaupt in allen Dingen den Gebrauch der Vernunft.

"Jedes Wort entspricht einer Idee, und jede Idee ist ein Wesen. Folglich ist Grammatik die Logik, und die Logik ist die Wissenschaft".

Damit hat man die Vernunft abgethan. Ist eine Idee ein Wesen, so brauche man ja gar nichts zu sehen, nichts zu lernen, nichts zu beobachten. Man schaue die Welt in seinen Gedanken an, und man schaut das Wahre und Wirkliche an.

Man hat aufgegeben zu denken, und mit Begeisterung wirft man sich über ein paar Bruchstücke von Aristoteles, den Harun al Raschid eben ins Arabische übersetzen ließ. Nun kommentirt man den armen Aristoteles, schreibt zu den Kommentaren lange Kommentare, man verstümmelt die Bruchstücke, man macht den Heiden zum Christen, läßt ihn die Göttlichkeit

Christi haarscharf beweisen, seinen Märtyrertod prophezeien: das ganze System der christlichen Lehre hat man zuerst in Aristoteles entwickelt und philosophisch begründet gefunden. Ein Hohlkopf von Avicenna wird zum Fürsten der Denker, und die beiden großen Kirchendoktoren waren sterile Maulesel: Thomas grübelt über die Psychologie der Engel nach, und Duns Scotus erfindet die fabelhafte „machina cogitationis": Wenn der Traum dem Sein entspricht, entspricht das Wort der Sache! Herrlich! Aber nur weiter: Alle Kombinationen der Worte sind also Kombinationen der Sachen und der Realitäten. Worte zusammensetzen heißt Erkennen. Diese Zusammensetzung, vorgesehen durch bestimmte Formeln, giebt uns die Maschine zum Denken.

Denken, ohne zu denken, so hat die Kirche beschlossen.

Der Satan=Philosoph, er, der die abgründigsten philosophischen Systeme des Orients geschaffen hat, er, der in den poetischen Subtilitäten eines Plato sich gefiel, er, der mit der furchtbaren Wucht manichäischer Häresien die tüchtigsten Köpfe des guten Gottes zertrümmerte, lächelt boshaft vergnügt zu diesen Kindereien.

„Aber wie ist es, fragt er mit einem unbeschreiblich listigen Augen= zwinkern die Kirchendoktoren, wie ist es, wenn ein Bauer ein Schwein auf den Markt zieht? Was zieht da, der Bauer oder die Leine?"

Das ganze Jahrhundert zerbricht sich qualvoll den Kopf über diese Frage. Die Meinungen sind geteilt, und die tüchtigsten Athleten des Blödsinns können diese Frage nicht lösen.

Die Maschine des Denkens hat das Denken zertrümmert, und die Kirche athmet erleichtert auf. Aber in diesem Augenblick, da die Kirche sich nun ganz ruhig ihren stillen und zarten Geschäften, dem Bauer die Haut über die Ohren zu ziehen, hingeben wollte, erhebt sich ein furcht= bares Gewitter. Abälard wagt ein klein=kleines Wort: Die Idee ist kein Sein, die Abstraktion ist keine Realität.

Schön und herrlich wie ein Gott, so daß es nach dem Ausspruch des Chronisten kein Weib in Frankreich gab, das ihm widerstehen könnte, außerordentlich gelehrt für jene Zeit, mit einer glänzenden Gabe der Beredsamkeit ausgerüstet, fing Abälard an als ein Mensch zu Menschen zu sprechen. Er entwickelte und popularisirte den entsetzlichen Wust der kirchlichen Lehren, kam zu neuen und überraschenden Folgerungen, die die Lehren der Kirche über den Haufen warfen.

Wollte Anselmus glauben, um zu wissen, so wollte Abälard prüfen und erkennen, um zu dem Glauben zu gelangen.

Das Verbrechen besteht nicht in der Handlung, sondern in der Absicht, folglich keine Sünde aus Gewohnheit noch aus Unwissenheit. Was ist die Erbsünde? Keine Sünde, sondern eine Strafe. Aber wozu die ganze Erlöserarbeit? Das war ein Akt der Liebe. Gott wollte das Gesetz der Liebe aufstellen, deswegen hat er seinen Sohn auf die Erde gesandt.

Das waren furchtbare Häresien für jene Zeit, aber Abälards Philo= sophie verbreitet sich mit einer ungewöhnlichen Schnelle über ganz Europa; zu seinen Füßen saß die Blüthe der damaligen Intelligenz, aus der dann später zwei Päpste, zwanzig Kardinäle und fünfzig Bischöfe hervorgingen. Die kirchliche Philosophie dringt in das Volk, Abälard lehrt unablässig, daß jeder sie sich nach seiner Vernunft auslegen solle, die geistige Macht der Kirche war mit einem Mal gebrochen, alle Menschen fingen an, über heilige Dinge zu diskutiren, sie anzuzweifeln, neue Folgerungen zu ziehen. Große und Kleine, Gelehrte und Ungelehrte, ja selbst die Kinder vergewaltigten das Heiligthum und das Verborgene, und der hl. Bernhard von Clairvaux jammert in seinen Denunziationen gegen Abälard: Irredetur simplicium fides, eviscerantur arcana Dei, quaestiones de altissimus rebus temerarie ventilantur.

Arnold von Brescia, Abälards begabtester Schüler, lehnt sich gegen das Papstthum auf, er will die Kirche auf den Typus der ersten Christengemeinden zurückführen. Mit wilder Begeisterung horcht das Volk auf seine Lehren von der Macht der Kirche, die nur geistig sein soll, so wie sie Christus haben wollte, und zum ersten Mal erscholl der unerhörte Kampfruf: Rom soll frei sein! Papst Lucius II. wird getödtet und sein Nachfolger Eugen III. muß fliehen, um der Rachsucht des Volkes zu entgehen.

Die Könige von Kastilien lassen nun den ganzen Aristoteles übersetzen, und in seinem Gefolge kommen die Araber und die Juden mit dem Pantheismus des Averrhoës und den Subtilitäten der Kabbala. Unter dem Schutz Kaiser Friedrich II. wagen arabische Aerzte das Unerhörte: eine menschliche Leiche zu öffnen, und Friedrich II., der Débaucheur und Atheist, der geistreiche und feinsinnige Philosoph, frägt schmunzelnd die Muselmänner: Meine Herren, was denken Sie über Gott?

Der Geist des Skeptizismus und des Unglaubens erfaßt alle Menschen, das Ich dringt mit trunkenem Enthusiasmus hervor. Alles beweisen und gleichzeitig das Bewiesene zu widerlegen galt als die höchste philosophische Kunst, und Simon de Tournay ruft plötzlich aus, nachdem er die Wahrheit der christlichen Lehre glänzend dargelegt hat: O pétit Jésus, pétit Jésus, comme j'ai élevé ta loi! Si je voulais, je pourrais encore mieux la rabaisser!

Richard Löwenherz erklärte sich als Waffenbruder des Sultan Malek-Adhal und bot ihm seine Schwester zur Frau an, Heinrich II., König von England, droht dem Papst, daß er Mahomedaner werden wird, und König Johann reißt über seine Exkommunikation die schönsten Witze.

Der Mensch des XII. Jahrhunderts mißachtet den Gott, er glaubt, daß Christus auch schon lange genug geherrscht hat, es wäre Zeit, daß endlich der heilige Geist an die Reihe käme. Ein Messias nach dem andern tritt auf, zahllose Sekten beginnen sich zu bilden, der Mensch sucht nicht mehr nach Gott, er hat ihn in sich, Gott spricht durch seinen Mund.

* * *

In diese Zeit einer bis jetzt unerhörten Entfesselung des individuellen Strebens, die Zeit des Unglaubens und völligen Außer-Rand und -Band der Instinkte fiel die furchtbare Depression nach den mißglückten Kreuzzügen. Gott schlief, während Mahomet seine Macht in immer neuen Siegen der Mahomedaner zeigte. Die Troubadoure sangen melancholische Lieder, worin sie Gott des Verraths bezichtigen, indem er die Muselmänner gegen die Christen protegire, und selbst Ludwig der Heilige warnte Gott, daß er sein Volk in Ruhe nach der Heimath ziehen lasse, „que il ne soit contreint renier ton saint nom".

Die Warnung war in den Wind geschlagen. Anstatt endlich mit den furchtbaren Plagen aufzuhören, häufte er nur um so stärkere Qualen auf die verzweifelte Menschheit. Das Volk suchte nur eine passende Gelegenheit, um ganz und gar von ihm abzufallen. Und die Gelegenheit kam.

Der slavische Satan, der neben dem guten Gott als gleichberechtigtes Prinzip des Bösen die Welt beherrscht, der Czernebog oder Diabol rüstet sich auf die Wanderung, um an den Grundfesten der Kirche mit eisernen Fäusten zu rütteln.

Von Bulgarien her über Konstantinopel und Italien ziehen die Bogumilen und setzen sich, nachdem ihre Scharen unterwegs stark durchlichtet wurden, im Süden von Frankreich fest.

Der Süden von Frankreich war von jeher das gelobte Land aller Häresien. Er war der Lieblingssitz des Satans. Er war der klassische Boden des Zauber= und Hexenwesens, und von hier aus verbreitete sich erst spät die Hexenseuche über ganz Europa. Der ganze Süden war voll von Juden und Saracenern. Die Rabbiner hatten hier überall öffentliche Schulen, und sie bildeten das Band zwischen den Christen und den Arabern. Durch ihre Vermittelung kamen von Salerno und besonders von Cordova, dem Sitz der schwarzen Magie, die verschiedenen Künste, die so ausgiebig zu verbrecherischen Zwecken angewandt wurden: die Destillation, die Sirupe, die Salben, die ersten chirurgischen Instrumente, die arabischen Ziffern, die Arithmetik und die Algebra.

Gleichzeitig waren die kabbalistischen Lehren der Juden von einem ungeheuren Einfluß auf das durchaus nicht christlich gesinnte Volk. Schon in den Zauberbüchern von Aschmidai findet man ausgezeichnete Rezepte, um den S'maäl (vergl. Samiel in den deutschen Märchen) zu beschwören und ihn zur Dienstbarkeit zu zwingen. Natürlich ließ er sich nur für das Böse dienstbar machen. Groß ist die Macht, die Gott ihm zugestanden hat, und seine Dienstboten, die Satanim, wohnen stets in dem Menschen und versuchen ihn.

Hier auf der Grenzscheide zwischen der europäischen und der bei weitem überlegenen mystischen Kultur des Orients setzte sich der alte Manichäismus in verjüngter Form fest, und von hier aus beginnt Satan den ungeheuren Triumphzug über ganz Europa.

Gegen die Lehre der Kirche, daß das Gute das allein wahrhaft Substantielle, das Böse dagegen nur durch Selbstverschuldung als Accidenz hinzugekommen sei und in seinem Grunde nur eine Ausnahme und Unmaß bedeute, lehren die neuen Manichäer, die Katharer: das Böse sei mit dem Guten von gleicher Substantialität, beide, wenngleich entgegengesetzt, gleich wesenhaft, und dieser Gegensatz gehe bis auf die innerste Wurzel des Daseins zurück und erstrecke sich selbst auf die Gottheit.

Die Sünde ist daher keine Selbstverschuldung, keineswegs das Produkt des freien Willens, sie wiederholt sich auch jetzt nicht in freier Handlung, sondern sie ist das Werk des schwarzen Gottes. Es giebt also keine Sünde, weil die böse Handlung von einem Gotte gewollt ist, es giebt keine Strafe nach der Sünde, die ewige Verdammniß ist blödsinnige Erfindung, nichtig und lächerlich ist das Buß= und Altarsakrament, denn die Reue nach einer schlechten Handlung ist ebenso nutzlos, „wie wenn ein Hund in einen Stein bisse", würde Nietzsche sagen.

Nous voilà en plein satanisme!

Aber so wie sie den Gott in einen guten und schlechten theilen, so trennen sie streng im Menschen das Geistige und Körperliche. Mit dem Körper gehört der Mensch dem schwarzen Gott, mit dem Geist dem lichten.

Nun kam in die Sekte eine doppelte Spaltung: Die, welche sich für den lichten Gott entschieden haben, lebten in einer unglaublichen Sittenstrenge und einer abtödtenden Askese, sie waren die Eiferer und die Verbreiter der Sekte, sie waren verehrt wie Heilige und sie hatten die Kraft, den Menschen bei seinem Tode durch einfache Handauflegung völlig zu reinigen und ihn dem guten Gott zu übergeben.

Die Anderen dagegen, die den schlechten Gott verehrten, stifteten geheime Verbindungen und feierten in Wäldern, Höhlen und auf Bergeshöhen ihre finstern, fleischlichen Mysterien.

So wiederholt sich der Gegensatz zwischen Christenthum und Heidenthum innerhalb derselben Sekte, aber diesmal ist der Gegensatz nothwendig und durch die Lehre geheiligt.

Im Besitz orientalischer Zaubermittel, verrichten die „Vollendeten" die „Perfekti", seltsame Wunder, und die Sekte verbreitet sich mit einer rapiden Schnelligkeit. Es bilden sich tausend kleinere Sekten, die alle unter dem Namen der Katharer den christlichen Glauben zersetzten und zerstörten; es bilden sich Geheimbünde, die nur ausschließlich obscöne Zwecke verfolgen, nach und nach verliert sich der ursprünglich philosophisch-spekulative Kern der manichäischen Lehre, aber der Grundzug bleibt, worin sich alle die verschiedenen Sekten begegnen, der wilde, fanatische, bis zum Wahnsinn durch die grausame Verfolgung gesteigerte Haß gegen die christliche Lehre.

Namentlich war der Gott des alten Testamentes verachtet. Dieser Gott war ein infamer Bösewicht. Er wußte doch, daß Adam und Eva an dem Baum der Erkenntniß sterben würden, warum ließ er sie denn essen? Er log aber auch, denn die Urettern waren ja nicht gestorben! Er war ein gemeiner Mörder. Schuldige und Unschuldige ließ er in Sodom und Gomorrha elend verkommen u. s. w. u. s. w.

Die Christen sagen, der gute Gott hätte auf der Erde den Tod am Kreuze erlitten. Das ist eine Profanation. Wie kann ein Gott leiden, wie kann er überhaupt auf die Erde kommen, wenn die Erde bereits einem Gott zuertheilt ist? Wie kann ein Gott essen und trinken, was doch Christus gethan hat? Und nun gar die Fabel von seinem Leib, den die Christen noch immer essen! Wäre sein Leib so groß wie die Alpen, wäre er schon längst aufgegessen worden. Und die Sünde! He, he, worin unterscheidet sich denn die Funktion der Geschlechtsdrüsen von der des Magens? Sündigen wir nicht durch Essen und Trinken, wie können wir durch das Zeugen sündigen? Nemo potest peccare ab umbilico et inferius!

Furchtbar war der Haß der Katharer gegen die Kirche. Rom sei eine Mörderspelunke, Rom war die apokalyptische Hure, von der es in der Apokalypse geschrieben steht... Nun, darin hatten sie nicht so ganz Unrecht. — Sie beschimpften und tödten die Priester, wo sie sie nur auffangen konnten, benutzten die heiligen Geräthe zu obscönsten Zwecken, und ein großer Theil ihres Ritus ist nur die Parodie des katholischen Kultus.

In ihren Zusammenkünften, ihren parodistischen Messen — ist bereits der Sabbath völlig, sogar in Einzelheiten, vorgeformt. Man findet in dem späteren Sabbath kaum eine neue Zuthat, vielleicht nur noch eine gesteigertere Ekstase, die durch künstliche Mittel hervorgerufen wurde.

Bei der Aufnahme mußte jeder Novize allem katholischen Glauben abschwören, das Kreuz bespeien, der Taufe und der Oelung entsagen, darauf wurde er von der ganzen Versammlung geküßt und man legt die Hände auf seinen Kopf.

Die Kirche war machtlos gegen die mit einer ungeheuren Schnelligkeit wachsende Sekte. Sie war prachtvoll organisirt, hatte einen mächtigen Papst in Toulouse und hielt ein Konzil in Lyon ab. Die Bewohner von Languedoc schlugen die Priester, ließen sie zum Hohn ihre Messen singen, rissen ihnen die Meßgewänder vom Leib und zogen sie ihren Frauen an. Das größte Vergnügen war aber, die Hostie in den Koth zu werfen, dem Christus die Beine zu brechen und ihn mit dem unglaublichsten Unrath zu beschmutzen. „Hugofaber iuxta altare purgavit ventrem et in contemptum Dei cum palla altaris tersit posteriora sua", erzählt der Chronist von einem dieser Fanatiker.

Nun wurde der Kreuzzug gegen die Häretiker gepredigt. Der heilige Dominicus, der Schöpfer der heiligen Inquisition, wurde mit dem Zug beordert. Er, der unermüdliche Weiner, der bei seinen Gebeten Ströme von Thränen vergoß, wurde einer der grausamsten Henker, den die Weltgeschichte kennt. An der Spitze des Kreuzzugs stand der Graf Simon de Montfort, der christlichste unter all den Fürsten, die fast sämmtlich Katharer waren.

Und nun begann ein entsetzliches Massacre.

Bei der Eroberung von Bériers wurden 60 000 Menschen niedergemetzelt, Christ oder Katharer, es war gleichgiltig, „caedite omnes, novit enim Deus, qui sunt eius!" schrie der Abt von Citeaux, als man die Christen schonen wollte. Er selbst entschuldigt sich beim Papst Innocenz III., daß er nur zwanzigtausend morden konnte. Nun flohen die Einwohner in die Wälder und Berge, es blieb nur Carcassonne übrig. Aber Carcassonne wagte Niemand zu vertheidigen. Hunderte wurden gehängt und fünfhundert verbrannt.

Die Albigenser zerstreuten sich und flohen auf die Festungen der Edlen. Aber eine nach der anderen wurde erobert und die Kirche ließ ihre Erlösermilde im vollsten Glanz erstrahlen.

Bei der Eroberung der Festung Minerva versprach man denen, die sich bekehren würden, das Leben. Nichtsdestoweniger wurden sie verbrannt. S'il ment il n'aura que ce qu'il mérite, s'il veut réellement se convertir, le feu expira ses péchés! Das war die ständige Formel bei dieser allzuhäufigen Prozedur.

Die Ritter des heiligen Geistes mordeten, hängten, brannten, räderten nicht Einzelne, aber Hunderte und Tausende. Bei Lavour ein paar Hundert „avec une joie extrême", bei Maurillac und bei Toulouse zwölf Tausend „avec une joie indicible".

Der ganze Süden war zerstört, es blieb nicht ein Stein auf dem andern übrig. Alle Festungen waren geschleift, alle Grafen und Barone gehängt oder verbrannt und die edlen Damen aus Galanterie gesteinigt.

Die Kirche glaubte zu triumphiren. Aber nie fühlte sich Satan mächtiger als gerade jetzt. Man hat ihm nur eine Form der Kirche zerstört, aber was bedeutet für ihn die sichtbare Form? im Herzen blieb ihm das Volk treu, es verkroch sich in unterirdischen Katakomben, verbarg sich in Bergesschluchten, und nie zuvor hat es ihn so inbrünstig, so verbrecherisch verehrt als gerade jetzt nach dem Falle des antichristlichen Toulouse.

Kaum hatte der letzte Albigenser die geifernde Blasphemie gegen den bartlosen milden Jüngling auf dem Scheiterhaufen verröchelt, und schon erhebt stolz und gewaltig die neue Priesterin des Satan ihr furchtbares Haupt, die Hexe...

* * *

Vorerst mußte aber der Boden gründlich bearbeitet werden, möglichst viele Giftkeime mußten emporschießen, damit die Seuche möglichst schnell um sich greifen könnte.

Eine alte Allegorie erzählt, der Satan habe sich einmal entschlossen, ein Weib zu nehmen, um sein Geschlecht zu vermehren. Er hat die Gottlosigkeit beschlafen und mit ihr sieben Töchter erzeugt. Als diese nun herangewachsen waren, hat er sie an Menschen vermählt. Die älteste, den Hochmuth, gab er den Mächtigen dieser Erde, den Geiz den Goldreichen, die Untreue dem gemeinen Volke, die Heuchelei den Priestern, den Neid den Künstlern (damals kannte man noch keine Kritiker), die Eitelkeit den Frauen. Die siebente Tochter, die Hurerei, war allein zurückgeblieben. Satan hat seine liebste Tochter Keinem gegeben, sondern sie für Alle gemeinsam übrigbehalten.

Und es scheint, daß in keinem Zeitalter das Geschlecht so wahnwitzig exaltirt war, wie gerade gegen das Ende des hysterischen XIII. Jahrhunderts. Die Hystero-Epilepsie war etwas so Gewöhnliches wie heutzutage die Schwindsucht; fast jeder Mensch war ein wenig leprös, und bekannt ist bei den Lepröjen die außerordentliche Gier nach geschlechtlicher Befriedigung. Das Succubat und Incubat zerstörte die blutarme Menschheit, man sah überall Weiber, die sich plötzlich hinwarfen, die Röcke hochhoben und sich in geschlechtlichen Krämpfen wanden, und diese geschlechtliche Hysterie wurde nur noch genährt durch die albigensische Theorie, die inzwischen tief in das Volk eingedrungen war: Nemo potest peccare ab umbilico et inferius.

Namentlich waren es die Priester, die ewig unbefriedigten Gottesknechte, die von dieser Theorie einen mehr als ausgiebigen Gebrauch machten, dieselbe weiter ausbauten und die Klöster zu Pestspelunken machten.

Die Sünde durch die Sünde tödten! Das war das große Prinzip der geschlechtlichen Orgien der Priester. Vernichtung der Person und der Tod des Willens! Diejenigen, die ihr Selbst opfern, sind dermaßen göttlich, daß sie keine Sünde begehen können. Die obere Partie des Körpers ist so vergöttlicht, daß sie nicht weiß, was die untere thut.

Die Priester gingen noch weiter. Sie lehrten, daß dem Heiligen jeder Akt heilig ist, der Priester heilige alle Weiber, die mit ihm sündigen. Diese Theorieen waren so allgemein, daß das Volk in Spanien und Frankreich die Nonnen „Consacrirte" d. h. Maitressen der Priester nannte.

Unter dem Einfluß dieser Lehren geht die Kirche ihrem totalen Verfall entgegen. Der Franziskaner Eude Rigaud registrirt in seinen Visitations-Tagebüchern Beweise einer entsetzlichen Korruption der Klöster und die Berichte des hl. Bertin sind übervoll von so haarsträubenden Erzählungen über das Klosterleben, daß dagegen die im Mittelalter übliche Sodomie als ein unschuldiges Spiel erscheint.

Die Kirche war grenzenlos verachtet, verspottet, verhöhnt, aber den Todesstoß gab ihr Philipp der Schöne. Er erst zerstörte bis auf den letzten Stumpf das bißchen Autorität, das die Kirche beim Volke noch hatte.

Mitten unter einem Volke, das vor Hunger verreckte, in allen Monarchieen, die sich vor Mangel an Geld auflösten, in einer Zeit, da jeder König zum Falschmünzer werden mußte, war die Kirche allein, die unermeßliche Reichthümer besaß. In Deutschland war der Bischof ein Fürst, der Armeen liefern konnte, in England besaß die Kirche die Hälfte des ganzen Landes, und ebenso war es in Frankreich.

Die Kirche zu konfisziren, das war der allgemeine Gedanke. Eduard I. hat die Soldaten gegen die Priester gehetzt und verbot den Richtern, ihre Klagen anzunehmen, und Philipp der Schöne verlangte gebieterisch Zehntel und Fünftel ihrer enormen Einkünfte.

Auf dem Thron des heiligen Petrus saß damals ein meineidiger Advokat, der sich durch sehr anrüchige Praktiken eine traurige Popularität erwarb, ein wilder Atheist, der durch seine schmutzigen Blasphemieen die Kirche depravirte, le père très fecond, Papst Bonifaz VIII.

Die Kirche durfte man verhöhnen und verspotten, soviel man wollte, das that der Papst selbst, aber Zehntel von ihr fordern, nein, das ging nicht. Der Papst erläßt eine Bulle nach der anderen gegen Philip den Schönen. Darauf bekommt der Papst von Nogaret, Philipps Reichskanzler, eine Antwort, in der unter anderen Dingen folgende Süßigkeit zu finden ist: "Sedet in cathedra beati Petri mendaciorum magister, faciens se, cum sit omnifario maleficus, Bonifacium nominari".

Der Papst rast. Nogaret und Sciarra de Colonna reisen nach Rom, um ihm persönlich die Antwort zu übergeben. Der 80jährige Greis wird verhöhnt, mit den schimpflichsten Worten beleidigt, und als er aufzubrausen wagte, bekam Christi Stellvertreter eine Ohrfeige mit dem eisernen Handschuh Nogarets.

Das war aber dem Volke zu viel. Es befreit den Papst, der inzwischen wahnsinnig geworden ist. Der Papst giebt dem Volke Absolution für alle Sünden, nur nicht für Kirchenraub, und stirbt, vom Teufel besessen. „Du wirst den Thron besteigen wie ein Fuchs, du wirst regieren wie ein Löwe, du wirst sterben wie ein Hund", sagte von ihm sein Vorgänger Papst Celestin.

Die Kirche sinkt immer tiefer. Benedikt XI., der Nachfolger vom Bonifaz, schleudert am 7. Juni eine wüthende Exkommunikationsbulle, am 4. Juli ist er bereits todt. Er war vergiftet.

Sein Tod liefert die Kirche nun ganz und gar Philipp dem Schönen aus. Philipp macht den Erzbischof von Bordeaux, Bertrand de Gott, zum Papst unter strikten Bedingungen, die er beschwören mußte.

Der neue Papst Clemens IV. beginnt seine glorreiche Regierung mit einer Visitationsreise, bei der er stiehlt und raubt, wo er nur kann, und den ganzen französischen Klerus ruinirt. Seine Maitresse Brunissende Talleyrand de Périgord kostet ihn mehr als alle Kreuzzüge zusammen.

Aber die Zehntel von den Einkünften der Kirche, die Clemens Philipp zugestand, genügten dem König nicht. Der Papst giebt ihm die Juden preis. Die Operation war schnell bewerkstelligt. Unter dem Schutz des Papstes verminderte der König das Gewicht der Münze und erhöht ihren Werth. Es entstand eine unerhörte Verwirrung, es kam zu einem Aufstand, bei dem der König so ein paar Hundert der größten Schreier rings um Paris aufknüpfen ließ.

Das war aber nicht genug, was der Papst bewilligte. Der König wollte noch mehr haben: Papst Bonifacius sollte der Prozeß wegen Häresie gemacht werden. Das war eine fatale Sache. War Papst Bonifacius ein Häretiker, so waren es auch seine Kardinäle, und von ihnen wurde auch Clemens gewählt, folglich war seine eigene Wahl auch ungiltig.

Clemens wand sich wie eine Schlange. Er suchte den König zu besänftigen durch die Wahl neuer Kardinäle, wodurch die Wahl jedes künftigen Papstes vom König abhängig wurde, er zog die Bullen Bonifaz VIII. zurück, wodurch dem König jede Art Kirchenraub zugestanden war, er machte Philipps Sohn zum König von Navarra, seinen Bruder Charles von Valois zum Chef der Kreuzritter —

Immer noch nicht genug!

Der Prozeß gegen Bonifacius wurde aufgeschoben, aber der Papst mußte dem König den Tempelorden ausliefern.

Die Vernichtung dieses Ordens und der Prozeß, der nachträglich gegen Papst Bonifaz VIII. eröffnet wurde, die wüste Hurenwirthschaft der Päpste in Avignon setzte das Volk in eine furchtbare Erregung.

Satan, der anfangs nur seine Werke durch die Magier offenbarte, in ein paar geheimen Verbindungen lebte, ist jetzt der einzige Gott geworden. Die manichäischen Traditionen blühen üppig empor, seine Macht steigt ins Unermeßliche.

Alles, was man von Gott nicht erwarten darf, verlangte man vom Satan. Gott hat alle Gaben für das Jenseits vorenthalten, nichts außer Qualen schickte er über diese Welt.

Darin mußte Satan aushelfen. Er allein war es, der Macht den Schwachen, Ehre den Verachteten, Rache den Gekränkten, Gegenliebe den Liebenden geben konnte. Er allein war der Vater und der Gott der Armen, der Betrübten, der Verachteten.

Er ist überall, in jedem Hause, auf jedem Schritt begegnet er den Menschen, ja er wird sogar in verschlossenen Flaschen auf den Märkten verkauft, und er hat sich inzwischen ganz fabelhaft vermehrt. Nach Bodinus beträgt das ganze Inventar der Hölle: 72 Fürsten und 7 405 926 gemeine Teufel.

Es regnet Anklagen. Der Bischof von Troyes, Guichard, der die Gemahlin Philipps durch ein Wachsbild, das er mit Nägeln stach, verhext hat, wird verbrannt. Die Schwiegertochter Philipps, Marguerite, wird wegen Zauberei angeklagt und in ein unterirdisches Loch geworfen, seine zweite Schwiegertochter, Jeanne, wird erdrosselt, und die dritte, Blanche, wird im Kerker von einem Henkersknecht vergewaltigt und geschwängert.

Es folgt eine ungeheure Reihe von Verbrechen. Die Frau des Königs wird vergiftet, Philipp der Schöne bekommt Gift von seinen Ministern und der Graf von Flandern von seinem eigenen Sohn.

Und dasselbe von Neuem unter Philipps Sohn, Louis X.

Enguerrand de Marigny wird gehängt, weil seine Frau den König verhexen wollte. Pierre de Latilly, Bischof von Châlons, wird gerädert, weil er wahrscheinlich den Tod Philipps des Schönen durch Zaubermittel verursacht hat, dito Raoul de Presles, advocatus praecipuus, dem man jeden einzigen Knochen auf der Tortur gebrochen hat.

Waren das herrliche Zeiten! Satan rieb sich die Hände über die unermeßliche Ernte.

Isabeau, Tochter Philipps des Schönen, reißt eigenhändig dem Liebhaber ihres Gemahls Eduard II. von England, Spencer, die Augen aus und sieht mit Vergnügen einer obscönen Operation, die an ihm vollzogen wird, zu. Als das nicht half und der König von der Päderastie nicht lassen konnte, bekommt sie vom Bischof Hereford auf ihre Anfrage, was sie mit dem König anfangen solle, folgende pythische Antwort: Edwardum occidere nolite timere bonum est. Da der Bischof kein Komma setzte, so setzte es die Königin hinter occidere statt hinter nolite und der König wird von den Schergen seiner zarten Gemahlin hinterlistig ermordet.

Ich habe nur ein gelindes Beispiel gewählt.

* * *

„Gold", sagt Christoph Columbus in einem Briefe an Ferdinand nach seiner vierten Reise, „ist eine prachtvolle Sache. Mit Gold bildet man Schätze. Mit Gold macht man alles, was man in dieser Welt wünscht. Man läßt mit Gold selbst die Seelen ins Paradies gelangen."

Ja! Gold muß man haben und Gold wurde um das Jahr 1300 der neue Gott. Die Kirche hat es in todte Materie verwandelt, in Kreuze, Reliquarien, Kelche. Die Großen haben das Gold zum Schmuck und zum Luxus verwandt. Es gab einfach kein Gold mehr. Schon Richard Löwenherz wollte durchaus London verkaufen, aber kein Mensch hatte Gold. Man warf sich mit rasendem Eifer auf die Suche nach Gold. Raymond Lulle, Nicolas Flamel, Helmont scheint es gelungen zu sein, Gold herzustellen, aber es verflüchtigte sich immer von Neuem.

Das Volk ganz besonders, das Volk mußte um jeden Preis Gold haben. Der Fürst der Erde besaß es, er behütete es und er gab es auch, aber dafür wollte er die Seele haben. Nun ja, das war eine fatale Sache.

Aber der Jude hatte Gold! Der Jude, dies unreine Thier, der mit dem Teufel in Verbindung stand, wußte, wo das Gold war. Und man warf sich auf den Juden, verbrannte ihn, beraubte ihn, aber sein Gold reichte nicht hin. Es half nichts, man mußte sich dem Teufel ergeben.

Und Gold wurde der wahre Antichrist, in Gold hatte sich Satan verwandelt, machte die Kirche zur käuflichen Hure, die Regierung zu einer Bande von Falschmünzern, die Richter zu Schurken, die Priester zu schamlosen Wucherern, das reinste Weib zur Dirne und die lauterste Gesinnung zur infamsten Depravation.

Die Templarier hatten Gold, und sie werden vernichtet, die Kirche hatte Gold, und sie wird unterjocht, der Jude hatte Gold, und er wird verbrannt.

Die Edlen, verzweifelt durch den schlechten Stand der Münze, stürzen sich auf den Bauer, nehmen ihm alles, und hat er nichts mehr, so setzt man ihm brennende Kohlen unter die Füße. Natürlich hat der Bauer das Gold vergraben, er will es nur nicht herausgeben.

Und das Volk, wahnsinnig vor Verzweiflung, erhebt sich in entsetzlicher Bestialität, richtet unerhörte Greuel an und wird wieder zu Boden geschlagen.

Schon zu Zeiten Ludwigs des Heiligen ziehen Horden von Bauern plündernd und mordend durch ganz Frankreich. Sie massakriren die Priester, beschmutzen die Sakramente — immer wieder dasselbe! — bis sie zerstreut und vernichtet wurden „quasi canes rabidi passim detruncati", sagt Nangis mit grimmiger Genugthuung.

Nach einem Menschenalter wieder ein fürchterlicher Bauernaufstand. Wieder hat man ihn niedergeworfen und die Bauern nach entsetzlichen Martern gehängt: illic viginti, illic triginta secundum plus et minus suspendens in patibulis et arboribus...

Die schlimmsten und grausamsten Aufstände wiederholten sich in Languedoc. 1381 warfen sich die Bauern auf die Edlen und die Priester. Sie trieben viel schöne Kurzweil mit den Priestern. Prière de la Bruyère, der Chef der Bande, ließ ihnen die Finger abhacken, die Haut der Tonsur vom Kopfe reißen und sie dann à petit feu brennen. Und es war sehr schlimm: L'on craignoit que toute la gentilesse ne perit, sagt Froissart. Die Bauern zahlten für alle die Jahrhunderte von Qualen, für all die Prügel und den Hunger und das Blutsaugen der Edlen.

Wieder wurden sie mit der grausamsten Bestialität niedergeworfen, die Edlen waren doch ein wenig raffinirter in der Handhabe der Torturen, als die Bauern.

Der Bauer mußte sich dem Teufel ergeben. Er allein hatte mit ihm Mitleid, er allein verhalf ihm zu ein paar Stunden Glück, denn nur er allein gab ihm die Mittel, daß er sich rächen könnte an dem Edlen, für den er gar nicht als Mensch galt.

Denn vielfältig waren die Qualen, mit denen der Edle dem Bauern verhalf, einen Theil seiner Sünden schon hier auf Erden abzubüßen.

Der berühmte Hugo von Guisay hat es in Mode gebracht, die Bauern mit Fußtritten zu traktiren und sie dann wie Hunde bellen zu lassen.

Ein anderes traditionelles Vergnügen war, den Bauer in eine Tonne, in der man sonst Teig bereitete, hineinzuwerfen, die Tonne umzustülpen, die Frau heranzuschleppen und sie auf der Tonne zu vergewaltigen. Und war noch ein Kind da, nun, dann erst recht wurde das Vergnügen groß. Man band das Kind mit einem kurzen Strick an ein Bein der Katze. Je mehr das Kind schrie, um so toller wurde die Katze.

Und nun ein Tableau:

Der Bauer kriecht aus der Tonne heraus, er ist ganz weiß vom Mehl, sieht aus wie der lächerlichste Clown der Welt, seine Frau weinend und zitternd an allen Gliedern, das Kind vom Blut überströmt, zerrissen von der tollen Katze.

Das ius primae noctis war auch eine schöne Erfindung, um die Langeweile des Edlen zu zerstreuen.

In puncto des Geschlechtsgenusses war der Edle allerdings ziemlich blasirt, aber das göttliche Schauspiel, die Verzweiflung des Cocu zu sehen! Und wurde er gar widerspenstig, Gott, wie ulkig waren nicht seine Schreie, wenn er Prügel bekam. War er dann noch nicht ruhig, so wurde er gehängt.

Das sind die drei Kardinalvergnügungen des Edlen. Bei dem ersten lacht man, bei dem zweiten weint man vor Lachen, bei dem dritten — über die Grimassen des Gehängten — platzt man vor Freude.

Und da sollte das Volk gottesfürchtig sein!

* * *

Und nun kam die Zeit, da es schien, als sollte die ganze Menschheit wahnsinnig werden. An der Pest, die 1347 ausbricht und 16 Monate dauert, stirbt ein gutes Viertel von Europa aus. Nach der Pest folgt die Hungersnoth, die Menschen essen Ungeziefer und Hunde „chair et trippes". Darauf wieder eine Epidemie und wieder Hungersnoth. Alle Menschen irren umher, keiner arbeitet mehr, erwartet nur in irrsinniger Verzweiflung seinen Tod. „Fuyons" — so schrien die Landleute (nach dem „Journal du Bourgeois") — aux bois avec les bêtes fauves. Adieu les femmes et les enfants. Faisons le pis que nous pourrons. Remettons nous en la main du Diable.

Achthunderttausend wahnsinniger Flagellanten durchziehen ganz Frankreich, das ganze Volk wird von der epileptischen Pest angesteckt und fängt zu tanzen an, und im Angesicht des sicheren Todes verfällt es in einen orgiastischen Taumel, der alle Schranken niederreißt.

Das wahnsinnige Volk wird von wahnsinnigen Königen regiert.

In Frankreich der arme Idiot Karl VI., der den Rest seines Verstandes in den wüsten Orgien auf dem päpstlichen Hof in Avignon eingebüßt hat. In Böhmen Kaiser Wenzeslaus, den nie ein Mensch nüchtern gesehen hat, ein wüthender Delirant, vor dem Niemand seines Lebens sicher war, in Portugal der finstere Maniak Dom Pedro, der vor Sehnsucht nach seinem todten Weibe wahnsinnig wurde. Papst Benedikt XIII. wird von seinem Amt suspendirt und die Römer wüthen gegen den Gegenpapst Bonifaz.

Man verzichtet auf alle Himmelsfreuden und man vergißt nicht in den ekstatischsten Orgien das furchtbare Elend des Herzens. Rien ne m'est plus, plus ne m'est rien! Diese verzweifelten Worte der Wittwe des ermordeten Herzogs von Orleans scheinen das Motto des ganzen Jahrhunderts gewesen zu sein.

Es giebt keinen König mehr und — was schlimmer noch — keinen Papst. Pierre aux Boeufs liest in Paris dem versammelten Volke die königlichen Briefe, daß man von nun an keinem Papste zu gehorchen habe, weder dem einen, noch dem andern; die Sendboten des Papstes werden durch die Straßen geschleppt in päpstlichen Tiaren, das Volk verhöhnt sie und ein Mönch schreit zum größten Gaudium des Volkes „quod anum sordidissimae omasariae osculari mallet quam os Petri".

Die Magie kommt zu unglaublichen Ehren, der Satan wird populär und alle Zauberkünste erfreuen sich großer Beliebtheit. Vor dem Palast des Königs versammeln sich die Hexenmeister aller Länder und beschwören die Dämonen, von denen der König besessen ist; in kolossalen Pfannen werden die merkwürdigsten Kräuter, die die Zigeuner nach Europa gebracht haben, gebrannt; der arme König vergnügt sich mit dem Zauberbuch Smagorad; man mahlt Perlen und giebt den Magiern den kostbaren Staub, damit sie die Teufel beschwichtigen; das ganze Volk, ja selbst der Klerus nimmt lebhaften Antheil an diesen Beschwörungen. Nicolas Flamel baut riesige Laboratorien, um Gold zu gewinnen — mitten in Paris, dicht an der Kirche des heiligen Jakob — die Giftmischerin macht herrliche Geschäfte an den Höfen der Herzöge, und inzwischen führt das Volk auf allen Höhen obscöne Tänze zu Ehren des großen Fürsten der Finsterniß.

Man fürchtet nicht mehr den Satan, man liebt ihn. Selbst in der Kleidung ahmt man ihn nach. Das Weib trägt Hörner auf dem Kopf, zeigt schamlos ihre nackten Brüste und treibt den Bauch wollüstig hervor.

Die Kleidung des Mannes wird eng wie Tricot und ist mit Zaubercharakteren gestickt. Die Stiefel laufen aus in eine spitze Kralle und das Geschlechtsorgan wird in ein Säckchen eingepackt, damit es ja nur recht sichtbar werde.

Die Stühle der Damen waren kirchliche Stallen, ihr Bett hat die Form eines Beichtstuhls, und die Stoffe, mit denen sie sich kleidet, sind die kostbaren Stoffe der Priesterornate.

Nun war die Zeit gekommen. In einem Nu blüht die gewaltige Sekte der Satansanbeter mächtig empor, von Frankreich aus verbreitet sie sich über die ganze Welt, wächst und wächst unaufhörlich. Es gab nicht ein Dorf, das nicht eine treue und ergebene Gemeinde des Satans hatte, die zahllose Verbrechen beging und des Nachts fessellose Orgien zu Satans Ehren feierte.

II.

Der Kult der Satanskirche.

In trauriger Resignation hat sich der Katharer damit abgefunden, daß die Materie das Böse ist, daß Alles, was durch Entwickelung entsteht, was durch Zeugung und Fortpflanzung sein Dasein hat, dem Fürsten der Finsterniß zuertheilt ist.

Das Volk theilte diese Auffassung vollkommen. Hat ja die Kirche selbst in ihrem Haß gegen Instinkt und Natur die Welt satanisirt, und das Volk verstand nichts von den Spitzfindigkeiten, mit denen die Kirche die sittliche Freiheit retten wollte. Dem Volke waren alle die Theoreme über das Böse, als die bloße Negation, alle die Sophistereien über die Sünde und den Anlaß zu ihrer Entstehung vollkommen fremd, all' das war eine interne Angelegenheit, über die sich ein paar Kirchenväter das Gehirn ausschwitzten. Für das Volk wie überhaupt für die ganze christliche Praxis bestand ein völlig ausgebildeter Dualismus zwischen dem Weltlichen und dem Himmlischen. Jenes war das Böse schlechthin, dies das Gute.

Und ob das Böse erst böse geworden war, oder von Beginn an als ein zweites Unendliches bestand, daran kehrte sich Niemand.

Das Mittelalter weiß von Gott fast nichts, erscheint er doch auf den Bildwerken erst Mitte des 13. Jahrhunderts bescheiden an der Seite seines Sohnes, den Sohn hat das Volk den Theologen preisgegeben: das ganze Mittelalter kennt nur eine Religion, eine Angst und eine Hoffnung, den Satan.

Die bösen Dämonen umströmen von allen Seiten den Menschen, „wie wenn Jemand ins Meer eingetaucht, ringsum unten und oben von Wasser umgeben ist". Bisweilen umgeben sie ihn „gleich einem dichten Gewölbe, so daß gar kein Luftloch zwischen ihnen Platz hat". „Die Menge der Teufel ist so groß wie die Atome der Sonne, in jeder Falte des Lebens steckt ein Dämon. Zu keiner Zeit und an keinem Orte ist der Mensch vor ihnen sicher[1]".

Er ist der einzig wahre und alleinige Beherrscher der Erde und des Menschen, er ist kein Diener, kein „Affe" des Gottes, wie ihn Irenäus gehässig nennt, sondern von Uranfang an ein Gott, dessen Machtsphäre sogar weit in das Gebiet des weißen, indolenten Gottes hineinragt, denn Er ist es, der die Kinder des lichten Gottes gelehrt hat, sich in Extase zu versetzen, sich Stigmatisationen zu verschaffen, Er war es, der die Heiligen auf den Gedanken brachte, das böse Wunder durch einen „choc en retour" zu paralysiren, und Er allein ist der Vater des Lebens, der Fortpflanzung, der Entwickelung und der ewigen Wiederkunft.

---

[1] Richalmus.

Nicht das Böse sondern das Gute ist eine „Negation". Das Gute ist die Negation der Leidenschaft, durch die Alles entsteht, denn jede Leidenschaft hat ihr Daimonium. Das Gute ist die Negation des Lebens denn alles Leben ist böse.

Satan ist das Positive, das Ewige an sich. Er ist der Gott des Gehirnes, er beherrscht das unermeßliche Reich der Gedanken, die immer von Neuem die Gesetze umstoßen und die Tafeln zertrümmern, er regt die Neugierde an, das Verborgene zu enträthseln, die Runen der Nacht zu deuten, er giebt den verbrecherischen Wagemuth, das Glück von Abertausenden zu vernichten, um Neues entstehen zu lassen, er stachelt die bösen Begierden an, die in dem Heißhunger nach neuen Daseinsbedingungen, die Erde aufwühlen, die entlegensten Fernen näherücken, den Himmel auf die Erde herabzerren und die Reiche der Erde wie Würfel durcheinanderschütteln.

Verfolgt, vernichtet, wächst er immer aufs Neue aus seiner eigenen Asche mächtiger und schöner als je zuvor, und der ewig Besiegte ist der ewige Sieger geblieben. Tausendmal glaubte die Kirche ihn vernichtet zu haben, und dabei wurde sie selbst satanisirt und verfaulte, verdarb „an Haupt und Gliedern".

Denn Satan ist das ewig Böse, und das ewig Böse ist das Leben.

Alles was an Großem entstand, ist gegen das Gesetz entstanden, als eine wüthende Negation der Negation. Böse war der Trotz des e pur si muove, böse war die Neugierde, die Columbus nach unbekannten Ländern trieb, böse war die Mutter der chemischen Wissenschaften, und dem Schauen in die Sterne wurden alle Unglücksfälle zugeschrieben, das schlagende Wetter, das große Sterben und die Hungersnoth.

Das Gute, das war der Stolz eines Gregor des Großen, der seine schändliche Dummheit rühmte und schon das Studium der Grammatik den Geistlichen verbot. Das Gute, das war die entzückende Einfalt des heiligen Franciscus von Asisi, der das Schreien der Esel, die um die Krippe des Heilands standen, ad maiorem Dei gloriam, tagelang nachahmte, das Gute war die Ertödtung seines Willens in der geringsten selbstständigen Regung, das Gute war eine stupide bis zum Blödsinn gesteigerte Imitatio.

In Satans Namen hat Nietzsche die Umwerthung aller Werthe gelehrt, in seinem Namen träumt der Anarchist von der Umgestaltung der Welt der Gesetze, in seinem Namen schafft der Künstler, dessen Werke man im Verborgenen liest oder sieht, aber von Gottesgnade beherrscht die verächtlichste Dummheit die unermeßlichen Horden der „Licht"-Kinder, für die das einzige Gesetz des Daseins, die Entwickelung und Verbrechen ist, Entwickelung in der Religion teuflische Ketzerei bedeutet, Entwickelung in der Kunst ein Zeichen der Hirnerweichung ist, Entwickelung in der Politik als Staatsverrath und Entwickelung im Leben als strafwürdige Perversität gilt.

* * *

Das ist der Satan in der Geschichte der menschlichen Entwickelung, ipse philosophus, daemon, heros et omnia, der Vater der Wissenschaften, die Fackel, die den Menschen in die geheimsten Gründe des Lebens hinableuchtet, der verzweifelte Grübler, der ewig von Neuem seine durch die Dummheit zerstörten Zirkel zeichnen muß, der Gesetzlose und der Widersacher.

Dieser Satan ist Samyâsa, der Vater der Magier, der „Mathematiker", wie alle diejenigen, die sich mit „verborgenen" Wissenschaften beschäftigt haben, genannt wurden. Er war nur Wenigen zugänglich, er war ein finsterer Aristokrat, der nur Wenigen seine Räthsel offenbarte, einem Agrippa, Paracelsus, van Dee, Helmont. Nur durch die Mächtigsten ließ er sich beschwören, während er die Horde seiner verlogenen Diener auf die Erde schickte, daß sie die Leidenschaften entfachen, Haß und Verbrechen säen, Hochmuth und Stolz die Menschen lehren, ihr Geschlecht in Raserei versetzen, daß das Blut die Vorsicht und die Ueberlegung wegschwemmt, die Bestie wecken, die, um ihr Gelüste zu befriedigen, vor keinem Verbrechen zurückschreckt.

Im Reiche des Satanischen gilt nur ein Grundsatz: à rebours, die Umkehrung aller Werthe, die durch das Gesetz geheiligt sind.

Und die Diener des Satan-Samyâsa kamen auf die Erde, während Er, der Lucifer, der Lichtbringer, der Paraklet der Menschheit in verschlossenen Laboratorien mit den Magiern zusammen die „schwarzen" Künste trieb.

Die Diener des Satan bemächtigten sich alsbald der Erde.

Es war nicht schwer. Das Volk war im Herzen vollkommen heidnisch geblieben. Das Volk war aber auch verzweifelt, bis zum Wahnsinn verzweifelt. Es haßte das Christenthum und es haßte den Gekreuzigten, „den Lügner, der das Heil versprochen und nur die Qual bereitet".[1] Aber über Alles haßte das Volk die Kirche, die treulose, verrätherische, zuchtlose und heimtückische Kirche, die in unersättlicher Habgier durch Bann, Interdikt, Verfluchung dem Bauern den letzten Groschen und dem Edlen das letzte Stück Erde erpreßte.

Es verachtete die Bischöfe, die sich in ihren Zänkereien „Ehebrüche, Hurereien und Meineide" vorwarfen[2]. Die Synoden zu Tours, zu Agde versuchten vergebens, gegen die maßlose Trunksucht der Geistlichen zu steuern, sie wenigstens so weit einzuschränken, daß die Priester beim Hochamte nicht betrunken umfallen, und seit dem zehnten Jahrhunderte mußte man den Bischof vor seiner Weihe schwören lassen, daß er von folgenden, außerordentlich verbreiteten Vergnügungen sich ferngehalten habe: pro arsenochita, qu. c. cum masculo; pro ancilla Deo sacrata, quae a Francis Nonnata dicitur; pro quatuor pedes et pro muliere — (aber nur) muliere viro alio coniuncta, aut si coniugem habuit ex alio viro quod Graecis dicitur deuterogamia. (Baluz. cap. II. append. p. 1372). Und wie weit es mit der christlichen Liebe, Milde und Erbarmen gekommen ist, beweist eine überaus charakteristische, gar nicht vereinzelt stehende Bannbulle, die Clemens VI. gegen Ludwig V. am 13. April 1346 erlassen hat, worin die göttliche Macht beschworen wird, daß sie ihn (Ludwig) mit der Kraft der rechten Hand schlagen, ihn verfolgen, in ein unbekanntes Netz fallen lassen sollte. „Er sei verflucht, wenn er eingehe, er sei verflucht, wenn er ausgehe. Gott sende über ihn den Geist des Schwindels, der Narrheit und des Irrthums. Er werde durch Feuer

---

[1] Worte aus dem Ritus der albingensischen Kirche entnommen.
[2] Gregor von Tours VIII, 7.

vom Himmel verzehrt." Nachdem noch die Erde angerufen werde, daß sie sich aufthue und ihn verschlinge, heißt es weiter: „Möchten doch seine Kinder von ihren Herrschaften verjagt werden und vor den Augen ihres eigenen Vaters in die Hände ihrer Feinde fallen."

Und in dieser Zeit der ewigen Verbote gegen die Priester, die Schenke zu besuchen, berauscht am Altar zu erscheinen, widernatürliche Unzucht zu treiben; in der Zeit, da — wie es in der Vorrede zu einem Concil heißt — „unsre Frevel bis über den Kopf angehäuft, unsre Verbrechen bis zum Himmel angewachsen, Hurerei und Ehebruch, Gottlosigkeit und Mord übergeströmmt sind, und Blut das Blut tödtet" — in dieser Zeit war es den Teufelsdienern nicht allzu schwer, das Göttliche und Heilige zu verleugnen, es zu beschmutzen, und in den ekelhaftesten Orgien über seine Ohnmacht zu höhnen. Man kann leicht begreifen, daß das Volk nicht fähig war, die Person von der Sache zu trennen, bei jeder Gelegenheit sich auf die Sacramente stürzte und die Kirchen mit Koth und Unzucht entweihte.

* * *

Das Volk haßte das Christenthum. Es war nur durch die Vorstellung der Hölle und der Höllenstrafen im Zaum gehalten. Pix, nix, nox, vermis, flagra, vincula, pus, pudor, horror, die jeden Menschen, der nicht Christ ist, am Strafort erwarten, einem tiefen, schrecklichen, schwefelstinkenden Thal, wo die Teufel mit den Seelen Fangball spielen, auch Daumschraube, spanische Stiefel, das Rad und die Wippe fleißig benutzen, die ganze wüste und unsagbar schmutzige Vorstellung von der Hölle, das war das einzige Mittel, womit die Kirche den Menschen des Mittelalters knebelte.

Die Predigten drehten sich fast ausschließlich um den Teufel und die Höllenstrafen, die Priester bestätigten ihre wüsten und unsauberen Phantasieen mit Hilfe des alten und neuen Testamentes, die nächtlichen Zusammenkünfte der Häretiker und ihre finsteren Messen gaben den Predigten realen Untergrund, die Juden und die Araber popularisirten ihre Zauberkünste, lehrten die Bereitung der Salben und der Filtren, die Zigeuner säten durch ganz Europa die giftigen Solanaceen, woran sich das Volk berauschte, die epidemisch auftretenden geistigen Erkrankungen, die unter den seltsamsten Erscheinungen verliefen, alles das brachte das schwache Gehirn des Bauern aus dem Gleichgewicht und seine hysterische Phantasie bekam eine überreiche Nahrung. Die kleinste Thatsache wuchs ins Ungeheuerliche, das leiseste Geräusch wurde zu einem unerhörten Spektakel, und ein Irrlicht ergoß sich zu einer Riesensonne. Aber selbst, nach Weglassung der Zuthaten und der ungeheuerlichen Uebertreibungen bleiben Thatsachen genug, um das Interesse des Psychologen und des Künstlers — denn nur für diese zeichne ich die aus zahllosem Quellenmaterial gewonnenen Eindrücke — intens zu fesseln.

* * *

Satan liebt das Böse, weil er das Leben liebt, er haßt das Gute, weil er den Stillstand, die Beharrung haßt und er liebt die Weiber, das ewige Prinzip des Bösen, die Stifterin des Verbrechens, den Sauerteig des Lebens.

Von Anfang an war das Weib die Geliebte des Satan, und mit Vorliebe hat er sich ihrer zur Popularisirung und Befestigung seines Kultus bedient.

Schon den Babyloniern und Chaldäern erscheint die Nachtseite des Lebens, das Verborgene, das verderbenbrütende Geheimniß des Allseins als ein Weib, Mylitta, die Göttin der verderblichen Wollust und geschlechtlicher Ausschweifung. Durch sie wurden die Menschen zum Tanz und Gesang, zur Lust, Grausamkeit und Mord verleitet.

Bei den syrischen Stämmen ist die feindliche, boshafte und zerstörerische Gottheit ebenfalls ein Weib, Astarte. Sie ist die Göttin mit dem Stierkopf und den Stierhörnern, die Göttin des vernichtenden Krieges und die Stifterin alles Unheils.

Die Tempel der kleinasiatischen Kybele waren Stätten der seltsamsten Unzucht und geschlechtlichen Orgiasmus, die assyrische Semiramis tödtet ihre Liebhaber mit ihrer unmenschlichen Sinnenlust, Maya der Inder ist Göttin der Täuschung und der Lüge, die das einzig Seiende dem Menschenauge unzugänglich macht, und den iranischen Völkern repräsentiren die bösen Davas alle weiblichen Tugenden: Lüge, Verläumdung, Verunreinigung der reingeschaffenen Mannesseele.

Bei den Griechen gehen aus dem Schooß der Gäa die finsteren Dämonen des Todes hervor, und der furchtbaren Hekate eignet man alles Unheimliche und Grausige zu. Sie fährt Nachts in der Gesellschaft der Lamien durch die Luft, verursacht schreckliche Träume und das Alpdrücken. Sie ist die grauenvolle Mutter der Scylla und die Tochter der Nacht. Mit der Fackel und dem Schwert in der Hand, von großen schwarzen Hunden umgeben, jagt sie den Menschen in den Wahnsinn hinein.[1]) Und die Dämonen, die der Römer am meisten fürchtete, das waren die Strigen. „Unter garstiger Gestalt, mit großem Kopf, mit dem Schnabel eines Raubvogels und scharfen Krallen, kommen sie des Nachts, um den Kindern das Blut auszusaugen, das Mark zu verzehren, die Eingeweide aufzufressen, um dann durch die Luft zu rauschen". Alles das hat man bekanntlich auch den mittelalterlichen Hexen vorgeworfen.

Der furchtbarste Dämon des Alterthums ist immer das Weib. Es ist der Dämon des Todes, des Wahnsinns, der Unzucht, der Besessenheit, des Verbrechens, des nächtlichen Grauens und des gespenstischen Schreckens, sie ist als Lilith der Succub, der die Männer in den zerstörendsten Wollustraseneien vernichtet, und als Frau Holda ist sie die Anführerin des wüthenden Heeres, die finstere Fürstin, in deren Gefolge die Hexen zu ihrer nächtlichen Teufelsmesse hinausfahren. Sie ist die Wirthin in dem Hörselberge und hält dort mit ihren Druten, den bebenden Spinnerinnen, die das Garn des Unheils von der Spindel ziehen, den bösen Sabbath ab.

Neben dieser Nachtseite im Weibe verehrte das Alterthum allerdings auch die Fruchtbarkeit, das Lebenspendende im Weibe, aber immer war es der Mann, der das Leben vor den Ränken und der Zerstörungssucht des Weibes beschützen mußte, der Mann galt als die eigentliche Mutter des Lebens.

---

[1]) Sie wurde später mit der Mondgöttin verwechselt, daher erscheint bei den ersten Diabologen die Hexe in Begleitung der Diana.

Das Mittelalter kennt nur das böse Weib[1]) und es hat es in seinem Satan personifizirt. Aber selbst hierin zeigt sich der Haß des Mittelalters gegen das Weib. Es durfte nicht einmal das Böse an sich sein. Von der ursprünglichen Weibnatur sind dem Satan nur die Brüste geblieben, die wie zwei Mehlsäcke bis auf den Magen herunterhängen. Nach und nach wurde Satan ganz männlich, und das Weib würdigte man zu einer verruchten Teufelsflavin herab, einer infamen Kupplerin, die dem Satan die Seelen zuführt, einer schmutzigen Concubine, die sich willenlos den sterilen Lüsten des Incubus fügen muß.

Während der Magier dem Fürst der Finsterniß befehlen und ihn dazu zwingen konnte, die geheimsten Kräfte der Natur ihm zu offenbaren, blieb die Hexe immer nur ein gehorsamer Handlanger, der nur die Kunst, Verderben zu stiften, in Erfahrung brachte und sonst nichts von ihrem Bündniß hatte.

Das Heer der Hexen war prachtvoll disziplinirt, in unterwürfigstem Gehorsam gehalten, sie wurden oft von den Teufeln geprügelt, wenn sie nicht genug Böses verrichteten, und manch eine hatte schwer zu stöhnen unter der maßlosen Geilheit ihres Gebieters.

* * *

In seinem unsterblichen Hexenhammer bleibt Sprenger bei der Frage stehen, warum bei dem weiblichen Geschlecht die Hexerei in unverhältnißmäßig höherem Grade vorkomme als bei dem männlichen, so daß auf zehntausend Hexen kaum ein Mann abgeurtheilt werde.

Dafür führt er mancherlei Gründe an. Es sei bekannt, daß es drei Dinge gebe, die kein Maß weder im Guten noch im Schlechten zu halten wissen: die Zunge, der Priester — seiner Natur nach ein Mittelding zwischen Weib und Mann — und das Weib. Ferner seien die Weiber leichtgläubig, und weil der Teufel vornehmlich den Glauben verdirbt, so greife er sie am liebsten an. Sie sind auch wegen der „Fluribilitas" ihrer Komplexion für Eingebungen empfänglicher, vornehmlich haben sie aber eine schlüpfrige Zunge und müssen den anderen Weibern mittheilen, was sie mala arte wissen. Am tiefsten aber steckt der Grund in der geringen Gläubigkeit des Weibes, was schon durch die Etymologie bewiesen werde: dicitur enim foemina a fe et minus,

---

[1]) Die Verehrung der Jungfrau Maria, auf die sich mancher Blaustrumpf beruft, hat ganz andere Gründe. Das Dogma der unbefleckten Empfängniß hatte mit großen Schwierigkeiten zu kämpfen, und der ganze Kultus hatte sehr trockene dogmatische Erwägungen als Untergrund. Man brauchte das Dogma, um die Propheten nicht Lügen zu strafen; übrigens beginnt die Verehrung der Jungfrau erst im 12. bis 13. Jahrhundert, zur Zeit der Gründung von Liebeshöfen, und scheint aus ganz verdächtigen Gründen herzustammen. Die Kavaliere der Jungfrau schwelgen in ertatischen Sinnlichkeitsorgien. So erzählt Peter d'Amiani, daß die Jungfrau so schön wäre, daß selbst Gott in Liebe zu ihr entbrannte, und er preist sie sehr geschmackvoll: O venter diffusior coelis, terris amplior, capacior elementis. In dem Psalterium minus beatae Mariae virginis, das man dem heiligen Bonaventura zuschreibt, beginnt der erste Psalm: Universas enim foeminas vincis pulchritudine carnis. Man sehe übrigens die Darstellungen, die oft an das Unzüchtige streifen.

quia semper minorem habet et servat fidem.[1]) Sprenger verbreitet sich weit und breit über die Laster und Sünden des Weibes, über ihre Eifersucht und Ungeduld, ihren Ehrgeiz, Wollust und Unglauben, ihre Unbeständigkeit und ihre Rachsucht. Alle Reiche seien durch die Weiber zu Grunde gegangen, und mit melancholischer Resignation träumt der betrübte Diabologe von der Erde, die ohne Weiber ein Verkehr der Götter wäre.

Er erzählt zur Bekräftigung seiner Ansicht über die Weiber die Geschichte eines Mannes, dessen Frau ertrunken war. Er suchte sie stromaufwärts, weil das Weib im Leben immer widersprach und aller Vernunft so entgegenhandelte, daß sie natürlich auch im Tode stromaufwärts schwimmen mußte.

Im Uebrigen beruft er sich auf Sirach, auf den heiligen Chrysostomos, der die Ehe eine beständige Marter nennt und auf Seneca, der in einer seiner Tragödien sagt: Die Frau liebt oder haßt, es giebt bei ihr nichts drittes. Das Weinen des Weibes ist Lüge, sie hat zweierlei Thränen: entweder des wahren Schmerzes oder des Betrugs und der Hinterlist. Wenn die Frau allein denkt, so denkt sie schlecht.

Zum Schluß sagt der gelehrte Inquisitor:
„Aus allem ist nun zu entnehmen, daß ganz besonders die Frauen dem Laster der Zauberketzerei unterworfen sind, und man muß dem Höchsten Dank sagen, daß er die Männer vor solchen Lastern bewahrt hat."

Sprenger hat sich die Sache leicht gemacht. Aber so einfach, trotzdem seine Ansichten über das Weib von großer Sachkenntniß zeugen, ist die Sache nicht.

Vielmehr haben wir den Grund in der physischen Beschaffenheit des damaligen Weibes zu suchen. Ohne weiteres wirft man sein Augenmerk auf die eigenthümliche Erkrankung, die man damals Besessenheit nannte, und deren Keime fast jeder Mensch des Mittelalters in sich hatte.

Die Besessenheit, Dämonomanie, scheint nur eine Abart jener im Mittelalter häufig auftretenden geistigen Erkrankung zu sein, von ausgesprochen epileptischem Charakter, verbunden mit Hellsehen, Schlafwachen, wird durch Visionen eingeleitet und kann sich zu fürchterlichen Paroxysmen steigern, die für den modernen Menschen als ungeheuerliche Uebertreibungen erscheinen würden, wenn sie nicht so gut beglaubigt wären.

Auf der untersten Stufe, wo nur eine Disposition dazu vorhanden ist, scheinen die Symptome durch den Gebrauch von Narcotica und Salben künstlich und willkürlich hervorgerufen zu werden und bilden wahrscheinlich den Untergrund für alle dämonischen Erscheinungen der Hexen.

Die Hexe wird somit als Hexe geboren. Von vornherein sind alle Grundverhältnisse bei ihr umgekehrt. Das Oberste kehrte sich zu Unterst, das Rechte zum Linken, das Vorn zum Hinten. Schon diese gänzliche Umkehr der Beziehungen stellt den damit behafteten Menschen in gänzlichen Widerspruch mit der Natur der Dinge. Das sind die ersten

---

[1]) Sprenger ist überhaupt ein fabelhafter Etymologe: Diabolus kommt von dia, quod est duo et bolus, quod est morsellus: quia duo occidit, scilicet corpus et animam.

Symptome der Besessenheit, sie sind bei der Hexe nicht quälend und äußern sich nur dort, wo der Mensch sich nicht freiwillig dem Teufel überlassen will. In den Paroxysmen der Besessenheit tritt dies Verkehrte aller Richtungen deutlich zu Tage. Der Körper des Besessenen wird wie ein Ball oder ein „Baßknaul" zusammengewickelt, so stellt er sich auf die Zehe und stürzt sich überrücks auf den Kopf und das Angesicht, so daß der Rücken in Form eines Bogens hohl bleibt. In einem Nu verkehrt sich das Verhältniß: der Besessene liegt auf dem Rücken, so daß Arme und Beine, „wie zusammengeflochtene Wiete" in die Höhe gehalten werden. Die Haare sträuben sich wie wenn sie auseinanderfliegen möchten. Er geht stets rückwärts oder wird in einem Kreise von Rechts nach Links mit auswärts gewandtem Gesicht rastlos umhergetrieben.

Eine unerhörte Schmiegsamkeit und Biegungsfähigkeit ist der Hexe in den Momenten der Extase zu eigen. Ihre Glieder können sich wie fügsame Ruten ineinander winden, ihre ganze Gestalt kann sich ins Uebermenschliche recken und wieder zusammenschrumpfen. Das spezifische Gewicht verändert sich in der Extase, der Körper geht nicht im Wasser unter, sehr oft wird er leichter wie Luft, wird hochgehoben und kann einige Minuten in der Luft schweben. Man habe oft Besessene im schnellsten Laufe über die Dächer der Klöster laufen sehen, sie klettern die Wände hinauf und schaukeln sich spielend auf dem zartesten Zweig des Baumes, der schon unter einem Vogel zusammenbrechen würde.

Die Oberfläche des Körpers einer solchen vom Satan besessenen Person ist schon nach außen hin durch ein Malzeichen gekennzeichnet. Es sind kleine, nie mehr als erbsengroße Stellen in der Haut, unempfindlich, ohne Blut und Leben. Sie bilden manchmal rothe oder schwarze Flecke, aber nur selten, auch selten sind sie durch eine Vertiefung des Fleisches zu erkennen. Im Allgemeinen sind sie nach außen hin unkenntlich, finden sich aber meistentheils an den Genitalien. Bohrt man eine Nadel hinein, so tritt kein Blut heraus, es erfolgt kein Schmerzgefühl, das sich sofort einstellt, wenn man jede beliebige andere Partie des Körpers sticht. De Lancre, einer der geistreichsten Diabologen, dem 1609 die Aufgabe zufiel, eine ganze Provinz — das Baskenland — von Hexen zu säubern, hat gegen 3000 also bezeichnete Personen gefunden.

Sehr oft findet man mehrere solcher Male auf den Augenlidern, dem Rücken, an der Brust, und manchmal — aber selten — wechselt das Mal seine Stelle.

* * *

Es ist aber nicht das Hexen= oder Trutenmal allein, das die Hexe kennzeichnet. Durch die magische Seelenthätigkeit, die ihr ganzes Sein beherrscht, ist ihre körperliche Empfindung ungemein herabgesetzt, ja bisweilen aufgehoben. Sie ist gegen die fürchterlichsten Folterqualen völlig unempfindlich, und die Beispiele der völligen Katalepsie und Empfindungslosigkeit sind in der dämonischen Litteratur außerordentlich häufig, selbst auf der Wippe oder Streckleiter, von der die Henkersformel galt: Du sollst so dünn gefoltert werden, daß die Sonne durch dich sieht, gestand sie nichts, sie lachte oder schlief.

Dieses „Maleficium taciturnitatis", das der Teufel, nach dem Hexenhammer, seinen Auserwählten zugestand, und das man auch sonst

einem Zauberamulett zuschrieb, weshalb man die Hexe vor der Folter nackt auszog und sie am ganzen Körper glattrasirte, war verbunden mit einer seltsamen Heilkraft des Organismus, so daß die schwersten Verwundungen leicht und schnell heilten[1]), Verwundungen, die in natürlichen Fällen unbedingt den Tod zur Folge hatten. Es sind ungemein viele Hexenprozesse vorhanden, in denen die Hexe vier bis fünf Mal hintereinander gefoltert wurde, aber immer wieder hat sie „auff der Leiter geschlossen, die Augen behrmassen zugethan, daß die Nachrichter behrmassen zu thuen gehabt, ehe sie ihr eins auffmachen können."

In diesen ekstatisch-mediumistischen Zuständen werden alle Gesetze, die sonst für den Organismus gelten, verrückt oder ganz aufgehoben. Die Widerstandsfähigkeit der Hexe gegen das Feuer war so bekannt und so allgemein, daß Sprenger die Feuerprobe völlig verwirft. Delrio, ein, was die Fälle anbetrifft, durchaus zuverlässiger Gewährsmann, berichtet von einer Hexe, die selbst bei der entsetzlichen Tortur des Pechstiefels unverletzt blieb.

Man hat um so weniger Anlaß, an der Richtigkeit dieser Angaben zu zweifeln, als ja in neuester Zeit viele ähnliche Fälle veröffentlicht wurden, worunter wohl der bekannteste bei Wallace (Vertheidigung des Spiritualismus) verzeichnet ist, wo Mr. Home seinen Kopf ins Feuer gesteckt hat, ohne sich auch nur die Haare zu versengen.

Auch die mit extatischen Zuständen verbundene Veränderung der spezifischen Schwere entspricht vollkommen der Wirklichkeit, obwohl sie ebenso wie die oben besprochenen Eigenschaften unerklärlich ist.

* * *

Es ist selbstverständlich, daß einer solch' völligen Umkehrung der physiologischen Gesetze in dem physischen Organismus, ein wüstes a rebours in der Psyche entsprach.

Die Empfindungslosigkeit gegen Schmerzen hat in der Hexe jedes Mitgefühl ertödtet, sie ist grausam bis zur Bestialität, sie kennt kein Mitleid, aber sie kennt eine extatische Wollust, Schmerzen zu verursachen. Sie liebt die Wollust der Grausamkeit, und ihre sexuelle Wollust ist immer mit Grausamkeit gemischt. Sadismus und Masochismus beherrschen ihre geschlechtliche Lust, aber es genügt ihr nicht, zu prügeln und geprügelt zu werden, erst, wenn sie mit gierigen flackernden Händen in den Eingeweiden des gemordeten Kindes wühlt, wenn sie mit ihren Zähnen in seine Brust einhackt und das zuckende, noch warme Herz herauszerrt, wenn sie sich mit ihrem nackten Hintern in der geöffneten Bauchhöhle mit schreiender Wollust wälzen kann, dann mag sie wohl eine kleine Befriedigung empfinden.

Dieselbe schrankenlose Wollust in ihrem Haß. Sie haßt alles, was Gesetz heißt, sie wüthet gegen Alles, was die Entfesselung ihrer dämonischen Triebe hemmen könnte und vor allem haßt sie die Kirche und ihre Einrichtungen. Sie kennt keine größere Lust, als den Gottesleib in ihre schmutzigen Salben hineinzukneten, sie in das Geschlechtsorgan hineinzustopfen und das verfaulte Aas der geschändeten Leichen mit ihm zu würzen.

* * *

---

[1]) Siehe Fälle einer solchen gesteigerten Heilkraft in der neueren Zeit bei Lombroso: Der Verbrecher.

(Epidemisch) war der Hexenwahnsinn an Orten, wo die Katharer noch immer ihre kranke Rache gegen die christliche Kirche in den abstrusesten Formen ausbrüteten.

Die Kirche wurde eigentlich nie mit den Manichäern fertig.[1]) Mit unerhörter Grausamkeit hat sie die Kirche Jahrzehnte verfolgt, Tausende und Abertausende gebrannt und gerädert, aber immer wieder kommen sie zum Vorschein, bilden Geheimbünde, leben kräftig im Verborgenen auf, und selbst da, wo sie gänzlich ausgerottet waren, erhielt sich die Tradition an ihre unheimlichen Messen, die sie bei Nacht einstens in den Wäldern und auf Anhöhen feierten, und das Volk, das längst schon durch Wippe, Rad, Schwert und Scheiterhaufen zu der alleinseligmachenden Kirche bekehrt zu sein schien, hat durchaus nicht aufgehört, die nächtlichen Zusammenkünfte zu besuchen, in denen sich die nach Delirien lechzende Seele des verzweifelten Menschen austoben könnte.

Und immer wieder ist es auch bei diesen, wie es scheint, thatsächlichen und wirklichen Sabbatorgien das Weib, das den Mann in diesen unmenschlichen Instinktüberschwang hineinpeitscht.

Das Weib des Mittelalters war blutarm bis zum äußersten, sie starrte vor Schmutz, weil das ganze Mittelalter Wasser und Luft krankhaft verabscheute, geknechtet von dem Mann, ausgestoßen durch die Kirche, selbst von Gott verachtet, der sie aus der krummen Rippe Adams geformt, war das Weib noch vollkommen Thier. Ihre bösen Instinkte wucherten üppig wie Tang auf dem Meeresboden. Ihr Gehirn gebar die wüstesten Racheplaene gegen eine Nachbarin, die ihr einen bösen Blick zugeworfen hat, gegen den Mann, der sie mit Fußtritten traktirte, gegen die Gutsherrin, die sie ab und zu, um die Langeweile zu zerstreuen, auspeitschen ließ.

Blutarmuth, verschiedene, durch Schmutz erzeugte Hautkrankheiten reizten beständig ihre Wollust, sie unterlag jedem Mann, d. h. sie ließ sich willenlos von ihm vergewaltigen, aber sie war nie befriedigt.

Nur ein immer sich steigernder Heißhunger nach Genuß, nach Befriedigung, nach einer langdauernden geschlechtlichen Orgie quälte unausgesetzt das Thier-Weib.

Sie befand sich in ewiger Irritation. In dem teuflischen, "melancholischen" Temperament, "dem Bad des Teufels" wird jeder Gedanke, jedes Gefühl zu Gift. Die Frage, wann dies Weib zur Hexe wird, ist eine Frage, wann alle die "Besessenheits"-Keime, die sie in sich trägt, offen zum Durchbruch kommen.

Und eines Tages kommt es.

Nie war sie so unruhig. Sie wird geplagt durch eine kranke Gier, zu morden, die Menschen in Stücke zu reißen, zu toben, zu schreien, und plötzlich, wie von einer fremden Kraft hinausgetrieben, rast sie sinnlos in den Wald, sie läuft nicht, sie scheint zu fliegen, sie fühlt, daß sie durch die Luft getragen wird, bis sie plötzlich hinstürzt.

Und da dicht neben ihr erscheint der Incubus. Er ist sehr roth in der Tracht eines Jägers, er hinkt ein wenig, er verbirgt den Schwanz, so gut es geht, auch seine Hörner sind nicht zu sehen, aber sie weiß ganz genau, daß es der Teufel ist. Sie hat Angst, aber sie ist so entsetzlich

---

[1]) Ein Beweis für die Zähigkeit dieser Sekten sind die Adamiten, die noch 1848 religiöse Gleichberechtigung in Oesterreich verlangten.

neugierig. Sie kennt seine Macht, sie weiß, daß er ihr Alles geben kann, was sie sich nur wünscht, im Augenblick denkt sie nicht daran, daß sein Geld sich später als Sand oder Dreck entpuppt, sie hat furchtbare Angst, aber noch größere Neugierde.

Inzwischen nähert sich ihr der Teufel mit freundlichen aber sehr unzweideutigen Gebärden. Er kenne die Noth ihres Herzens, er wisse, was ihr fehle, er wolle auch ihre Wünsche erfüllen, wenn sie sich ihm hingebe und — conditio sine qua non — es nicht bereue. Er wird immer zudringlicher. Sie wehrt sich noch, aber schon fühlt sie ihn wie eine schwere Masse auf sich ruhen, sie ist gelähmt und läßt das Furchtbare über sich ergehen.

Es ist keine Wollust. Ja es ist Schmerz und es ist sehr kalt, oh — sehr kalt¹).

Als sie zu sich kommt, merkt sie, daß sie wohl zwei Meilen von ihrem Dorf weg ist. Sie zittert wie im Schüttelfrost, sie ist am ganzen Körper wie gebrochen, mit größter Mühe schleppt sie sich zurück, und nur die bange Hoffnung, ihre Wünsche werden in Erfüllung gehen, hält sie noch aufrecht.

Aber nichts von ihren Wünschen geht in Erfüllung, nur eine furchtbare Qual, Reue und Angst vor der Hölle, ja Angst, daß sie lebendigen Leibes in die Hölle geholt werde, bringt sie dem Wahnsinn nahe. Sie verlebt an der Seite ihres schnarchenden Mannes eine entsetzliche Nacht. Die Hölle mit den fürchterlichsten Torturen thut sich vor ihren Augen auf, mit schreiender Verzweiflung starrt sie hinein, sie versucht zu beten, aber sie wird gewaltsam zurückgerissen, ein höllisches Gelächter dröhnt in der Stube, kleine grüne Lichterchen fliegen hin und her, dann hört sie Klopfen in den Wänden, das sich zum entsetzlichen Gepolter steigert, ihr Bett dreht sich, die Lumpen, mit denen sie sich zugedeckt, fangen an zu tanzen, sie will den Mann wecken, aber sie ist wie erstarrt und kann sich nicht rühren, und plötzlich sieht sie Ihn wieder.

Und wieder erduldet sie die Tortur des eiskalten Geschlechtsaktes, aber diesmal hat sie schon weniger Angst, sie richtet sogar Fragen an ihren teuflischen Liebhaber. Im Grunde genommen ist er ein freundlicher Herr. Er räth ihr, sie solle zu der Hexe gehen, die im Walde einsam wohne, solle sich ihr vertrauen, dann werde sie von ihr Kräuter bekommen, die eine Wundermacht haben.

Als der Teufel sie verläßt, fällt sie in einen schweren harten Schlaf.

Am nächsten Morgen, als sie aufwacht, ist ihr erster Gedanke die alte Hexe. Ihr Mann wurde von dem Gutsherrn weggeschickt, und Kinder hat sie nicht. Sie wartet mit Ungeduld auf den Abend.

Mit bangem Herzen und jagender Angst kommt sie endlich an dem ewig verschlossenen Haus der Hexe an.

Kein Mensch kann sich erinnern, wann die gräßliche Alte in das Dorf gekommen ist. Man fürchtet sie, und eine entsetzliche Panik entsteht, wenn sie durch die Dorfstraße geht. Die Mütter laufen mit den Kindern weg, ist es nicht mehr möglich, so bekreuzigt man sich oder spricht den

---

¹) Alle Hexenaussagen stimmen darin überein: Semen, quod daemon infundit, sagao fatentur esse frigidum et nullum adferre voluptatem, potius horrorem. Del Rio.

Namen Jesu aus, mit größter Sorgfalt vermeidet man ihre Berührung und versucht, sich nicht ansehen zu lassen.

Aber die Hexe scheint sich um nichts zu kümmern, sie murmelt nur etwas vor sich hin, und hin und wieder wirft sie auf dieses oder jenes Haus einen kurzen, scharfen Blick.

Man hätte sie schon längst gesteinigt, denn zahllos sind ihre Verbrechen, aber man hat Angst vor der Gutsherrin, die sie zu beschützen scheint, weil sie von der Hexe zu geheimen Zwecken Gift bekommt.

Zwischen dem Weib und der Hexe, die sie übrigens zu erwarten schien, entspinnt sich eine lange Unterhaltung. Als sie nach Hause geht, ist sie entschlossen und muthig, und krampfhaft hält sie in der Hand ein Töpfchen Salbe und einen Stab, den sie an einer Stelle verbergen soll, wo ihn Niemand findet, außer Einer „von derselben Sekte."[1]

* * *

Endlich ist der ersehnte Augenblick gekommen. Das Zeichen wird gegeben, daß an diesem und diesem Tage der Besuch der „Synagoge" stattfinden soll.

Um Mitternacht zieht sie sich nackt aus und reibt sich mit der Salbe, die sie von der Hexe bekommen hat den ganzen Körper ein, vorzugsweise die Achselhöhlen, Herzgrube, Scheitel und die Genitalien.

Sie verfällt alsbald in einen „steinharten" Schlaf, der aber nur kurze Zeit dauert, manchmal nur einen Augenblick.

Sie „wacht" auf und begiebt sich zur Synagoge.

Wie sie dort hinkommt, weiß sie nicht. Sie kennt alle Umstände ihres Ganges, sie weiß ganz genau, daß sie zu Fuß gegangen ist, sie erinnert sich, daß man sie unterwegs angesprochen hat, aber das ist auch Alles.[2]

Ist sie eine lange oder kurze Zeit gegangen, sie weiß es nicht. Die Stelle, an der sie endlich anlangt, ist ihr nicht ganz unbekannt. Es ist ein verrufener schauerlicher Ort auf einem Berge, von dem sie schon früher hat flüstern gehört, eine wüste Haide ohne einen Weg und eine Wohnung in der Nähe.

Sie findet bereits eine große Versammlung von Männern (deren nur sehr wenige), Frauen und Kindern. Einige darunter glaubt sie zu erkennen, aber nicht genau, denn es ist sehr dunkel und das unruhig flackernde Licht der Fackeln verzerrt die Gestalten zu scheußlichen Gespenstern.

Sie sieht die Weiber, halbnackt, mit aufgerissenen Kleidern und aufgelösten Haaren hin und her in wilden Sprüngen laufen, leicht und behende, als hätten sie kein Gewicht, von Zeit zu Zeit erhebt sich ein brüllendes Geheul: Har! Har! Sabath! Sabath![3] und plötzlich wie auf ein gegebenes Zeichen ordnen sich alle Anwesenden in einen Kreis mit

---

[1]) Dieser Stab, der sehr oft in den Hexen-Prozessen vorkommt, weist besser als alles andere darauf hin, daß wir thatsächlich mit einer Sekte, die den Manichäismus fortsetzt, zu thun haben.

[2]) Die Hexen bei Remigius und De Lancre „gehen" meistentheils zum Sabbath.

[3]) Wahrscheinlich das Sabas, evohe der orphischen Gesänge.

auf den Rücken gelegten Händen, Mann (er ist meistens der Buhlteufel) und Weib mit dem Rücken gegen einander gekehrt und nun beginnt ein rasender Taumel des Tanzes. Der Kopf wird in immer schnellerem Tempo nach rückwärts geworfen, obscöne Gesänge werden gebrüllt, fortwährend unterbrochen von dem keuchenden, heiseren: Har! Har! Teufel! Teufel! Spring hier! Spring da!

Die Orgie gelangt unter den wildesten Sprüngen in einem taumelnden Wirrwar auf die Spitze. Die Bestie hat sich losgelöst, brünstige Gier vermählt sich mit Blutdurst, Wahnsinn der Wollust entzündet sich an den Delirien des Schmerzes, die der Taumel verursacht.

Der Tanz löst sich, die Menschen stürzen aufeinander, Männer und Frauen ohne Unterschied, der Vater auf die Tochter, der Bruder auf die Schwester, Mann auf Mann, die ganze Versammlung wälzt sich in der unflätigsten, widernatürlichen Unzucht, wie Hunde liegen sie erstarrt in konvulsivischen Zuckungen aufeinander und in das gräßliche Stöhnen der unmenschlichen, schmerzhaften Kopulation mischt sich das heisere Gebrüll: Har! Har!

Das Weib ist es, welches diese Versammlung beherrscht und exaltirt. Um auch nur den Anschein der Scham zu verläugnen, krampft sie die Hände auf dem Rücken zusammen, sie wirft sich rückwärts zu Boden, spreizt die Beine in der Höhe auseinander und bietet sich mit heiserem Schreien dem Phallus hin, die alte Kybelepriesterin erwacht in ihr mit doppelter Macht, die nymphomanische Furie mit dem übermenschlichen Sinnesüberschwang, dem Schmutz und Ekel zur Wollust wird. Die Wollustempfindung verreckt im Blutdurst; sie wühlt mit den Nägeln im eigenen Fleisch, rauft sich dicke Strähnen ihres Haares aus dem Kopf, zerkratzt sich die Brust, aber das genügt nicht, um die Bestie zu stillen. Sie wirft sich auf das Kind, das Satan zum Opfer gebracht wurde, zerschneidet ihm die Brust mit den Zähnen, zerrt das Herz heraus, frißt es bluttriefend, oder sie zerreißt ihm die Adern am Hals und trinkt das herausspritzende Blut, oder sie quetscht ihm das weiche Haupt zwischen ihren Schenkeln und preßt es gewaltsam in ihre Genitalien hinein mit den Worten: Gehe hinein, woher Du gekommen bist! Zahllos sind die Modifikationen dieses Lustmordes und immer ist es das Kind, das furchtbare Opfer des blutdürstigen Satan im Weibe.

* * *

Nach dieser vorbereitenden Orgie, mit welcher der wirkliche, reale Sabbath, der Sabbath der Babylonier, der Griechen und Römer, der vermanichäische Sabbath abschloß, beginnt erst recht der Sabbath der post-manichäischen Zeit.

Das Faktische verschwindet, die Sinne erlöschen, das unermeßliche Reich der Nacht schließt sich auf.

Satan erscheint.

Am liebsten kleidet er sich in die Gestalt des Bockes, aber oft sieht man ihn in menschenähnlicher Form. Er scheint auf einem Sessel zu sitzen, er hat etwas, was einem Menschenantlitz ähnlich ist, aber alles undeutlich wie vom Nebel verschleiert.

Nur äußerst selten kann man ihn deutlich sehen. Es ist furchtbar! Alle seine Formen sind ins Ungeheuere und Riesenhafte ausgewachsen.

Er hat auf dem Haupt eine Krone von schwarzen Hörnern, darunter eins, das so stark glüht, daß der ganze Sabbath von seinem Lichte besser wie vom Vollmond beleuchtet wird. Seine Augen sind groß, weitgeöffnet und kreisrund. Halb Mensch, halb Bock, hat er doch menschlich geformte Extremitäten, weibliche, schlaff herabhängende Brüste, was aber besonders auffällt, ist sein riesiger gekrümmter Phallus, gerade wie ein mächtiger Hundeschwanz, glühend roth und in ein weibliches Geschlechtsorgan auslaufend.

Seine Stimme ist furchtbar, aber ohne Klang, heiser und schwer verständlich. „Er behauptet immer eine große Hoffart, verbunden mit der Haltung eines melancholischen Prinzen, der sich langweilt."[1]

Unter dem Nabel hat er noch ein zweites Gesicht, fast noch fürchterlicher als das obere, das Gesicht der Excremente mit weitklaffendem Maul und ausgestreckter Zunge.

Sobald er erscheint, beginnt die Messe. Sie wird durch eine allgemeine Beichte eingeleitet, und man beichtete Alles, was man Gutes gethan hat. Man beichtete die scheußliche Sünde der Keuschheit, die Todsünde der Demuth, Geduld, Mäßigkeit und Nächstenliebe. Man beichtete die abscheulichen und widerwärtigen Sünden, die die zehn Gebote des Moses enthalten, und man bereute bitter, ein Verbrechen unterlassen zu haben.

Der Bock hörte geduldig, aber er ertheilte furchtbare Schläge, denn er liebt nicht die Halben. Jeder, der in seine Kirche eintritt, muß seine Gebote ganz erfüllen.

Nach der Beichte folgt die Vorstellung derjenigen, die neu in seine Kirche eintreten wollen. Zitternd und bebend treten sie vor den Thron des großen Fürsten.

— Was verlangst Du? Willst Du einer der Meinigen werden? brüllt er den Ankömmling an.

— Ja!

— So wolle und thue, was ich will.

Nun spricht der Neueintretende folgende Formel:

— Ich verläugne Gott zuerst, dann Jesus Christus, den heiligen Geist, die Jungfrau, die Heiligen, das heilige Kreuz u. s. w. — übergebe mich in allen Stücken Deiner Gewalt und in Deine Hände, erkenne auch keinen anderen Gott, so daß Du mein Gott bist und ich Dein Knecht."[2]

Hierauf küßt der Neophyt den Satan auf das Gesicht unter dem Nabel und verlobt sich damit ewiger Knechtschaft und der absoluten Herrschaft des Bösen.

Der Teufel kratzt ihm mit der Kralle auf der Stirn die Taufe ab, in einem schmutzigen Taufbecken wird der Aufgenommene neu getauft, wobei er feierlich gelobt, nie das Sakrament zu empfangen außer zu unzüchtigen Zwecken, die heiligen Reliquien zu bespeien und zu beschmutzen, das Geheimniß des Sabbath zu bewahren, neue Anhänger für die Satanskirche zu werben und alle seine Kräfte dem Satan zu weihen.

[1] Aussagen bei De Lancre.
[2] Diese Abschwörungsformel ist absolut historisch, sie kommt schon bei Petri monachi cenobii vallium Cernaii, Historia Albingensium cap. II.

Die Zeremonie erreicht ihren Gipfelpunkt in dem grandiosen schauerlichen Gesuch des Täuflings an den Satan, er solle ihn aus dem Buch des Lebens auswischen und in das Buch des Todes hineinschreiben. Der Teufel stigmatisirt nun die Neophyten auf den Augenlidern, auf der Schulter, den Lippen, die Frauen dagegen auf der Brustwarze, am häufigsten auf den Labien der Vagina.

Der Pakt mit dem Teufel ist geschlossen, der Mensch ist unwiderruflich dem Teufel verfallen. Seit diesem Augenblick wird seine Natur völlig umgeändert, in seiner Seele wird das Oberste zu Unterst verkehrt, das Gesetz, das die Bestie bis jetzt noch zügelte, wird kraftlos, alle die Tugenden, die durch das Gesetz aufgedrungen waren, werden mit Hohn und Verachtung abgestreift, und vorzugsweise das Weib kehrt zu ihrer ureignen Natur, die man so mühsam zu dämmen suchte, zurück. Alle ihre Tugenden entfesseln sich zügellos. Die Weiber werden fallaces. proditiosae, loquaces, garrulosae, tenaces, glutinosae, ardentes et luxuriosae, leves, rebelles et ligitiosae, nocivae et periculosae, comparantur Ursis, Vento, Scorpioni, Leoni, Draconi et laqueo (Guaccio, compendium malaficarum).[1])

* * *

Die ganze finstere, verzweifelte Geschichte des Mittelalters spiegelt sich in dem Grauen des Sabbath wieder.

Der Sabbath das ist der Orgiasmus der entfesselten Instinkte, eine allmächtige Revolte des unterjochten Fleisches, ein finsterer Hallelujahschrei des ans Kreuz genagelten Heidenthums.

Und in der That ist der Sabbath eine fratzenhaft verzerrte Synthese aller orgiastischen Kulte des Alterthums. Der Dienst der Kybele, wo die hysterische Lustgier in eine Raserei der raffinirtesten Grausamkeit ausläuft, die seltsamen längst schon vergessenen Künste der Unzucht bei dem Dienst der Astarte, die Verbrechen und Beschwörungen, mit welchen die griechischen Hexen die Hekate zur Preisgabe von Toten zwangen, alles das finden wir im Sabbath wieder vereint. Umgeformt, dem neuen religiösen Anschauungskreis angepasst, aber doch leicht erkennbar. Der mittelalterliche Sabbath hat kaum etwas eigenes, er ist eine Erscheinung, die sich zu allen Zeiten und bei allen Völkern vorfindet, eine universalhistorische Thatsache.

Aber während die Mysterien des Alterthums einen absolut positiven Charakter hatten, während sie darauf hinausgingen, alles in den Bereich des Göttlichen zu ziehen, alle Instinkte zu heiligen, ja durch ihre intensesten Extasen das Göttliche zu ehren, hat der Sabbath des Mittelalters eine rein und nur negative Bedeutung.

Einerseits wurzelt er in dem furchtbaren Haß der Manichäer gegen die katholische Kirche und zweifellos ist er im Schooße des Manichäismus

---

[1]) Anm. Ich versuchte das typische Bild des Sabbath zu geben, wie ich ihn aus zahllosen Prozessen zusammengestellt habe. Das Bild, das die Hexen entwerfen, schwankt oft und ist unklar, aber die wesentlichen Linien bleiben dieselben, wenn sie auch oft ihre Richtung wechseln. Absichtlich unterließ ich die Erwähnung der furchtbaren Abgeschmacktheiten, wie die Sabbathherden der Kröten, die abstrusen Mahlzeiten, die für den Teufelspakt völlig belanglos sind und nicht einmal kulturhistorischen Werth haben.

entstanden, oder hat sich vielmehr unter seinem Schutz fortgeerbt. Die Doktrinen der Manichäer waren fast nur polemischen Inhaltes und bildeten die zersetzendste Kritik des Katholizismus. Was in der Lehre der Katharer an Glaubensgrundsätzen ursprünglich vorhanden war, ging in dem Haß gegen den Nazarener unter, einem Haß, der sich von Generation zu Generation durch die fanatischen Verfolgungen nur steigerte.

Auf diesem willkommenen Haßuntergrund schichtete sich naturgemäß alles riesenhoch auf, was die Kirche verfolgte, alles, was an heidnischen Ueberresten im Bewußtsein des Volkes lebte, alle Meinungen und Gebräuche, die von anderen Ländern herkamen, die das Volk aus irgend einem Grund begierig aufnahm und wogegen die Kirche mit ihren grausamsten Waffen vorging.

Andererseits gründet sich der Sabbath auf dem krankhaften Haß der Besessenen gegen alles Kirchliche. Die Kirche hat gesagt, daß in der Besessenen die Dämonen wüthen, sie suchte die Kranken mit Weihwasser und Gebeten zu heilen. Nun wohl! Die Kranken glaubten daran, sie wußten, daß sie vom Teufel besessen sind, sie trugen den Teufel in sich und ließen ihn im Sinne der Kirche seine entsetzlichen Blasphemien brüllen. Und auf der untersten Stufe dieser Erkrankung, um die es sich bei der Hexe handelt, ließen sie es gerne zu, sie überließen sich willig und nach Ueberwindung der ersten Schwierigkeiten mit steigernder Lust dem Teufel, der ihnen zum Entgelt die übermenschlichen Freuden des Sabbath gab.

Und so verquickte sich der ursprüngliche Manichäismus mit der seltsamen Lust des mittelalterlichen Menschen, an Gottesraub.

Der ursprüngliche Gott der Katharer, Gott quand même, die positive „Materie" wurde in der Wuth des Kampfes, in den polemischen Rasereien der verröchelnden Albingenser und der besessenen Hexe zum Gott à rebours, dem Anti=Christ, der Materie à rebours, nämlich der Materie des Schmutzes, des Ekels, des Giftes und des Gestanks.

Für den Katharer war der Grundsatz: nemo potest peccare ab umbilico et inferius ein ebenso heiliger Grundsatz wie das Opfer des Hymen für die Priesterin der Aschtaroth. Aber für die Hexe wurde der Glaubenssatz zu einem Mittel, das Heilige zu entwürdigen, den Gott der Christen noch einmal zu kreuzigen.

Der überzeugte Katharer schwur dem katholischen Glauben mit dem heiligen Ernst des Neubekehrten ab, für die Hexe wurde die Abschwörungsformel zu einem höllischen Vergleich, den sie mit dem Teufel schloß.

Und so holte sich die Hexe aus den Glaubenssätzen der Katharer gerade das heraus, womit sie den Gott der Christen am blutigsten kränken, ihn zum rächendsten Zorn herausfordern könnte.

Das zur christlichen Gnade mit bestialischer Grausamkeit bekehrte Volk trat das finstere Erbe seiner gemordeten Väter an. Der Glaube war nicht mehr da, aber das verzweifelte, geknechtete und gefolterte Volk ließ nicht ab von den Festen seiner Väter, dem Fest der Instinkte, der Sünde, die durch Sünde getödtet werden sollte, des Phallus en éveil und des furor matricis. Und hat man einmal die Kirche der Eingeweihten, der bravsz hommes besucht, dann war man rettungslos dem Satan verfallen.

Der historische Sabbath, der Kultus der Albingenser womit sie den bösen „Gott" feierten, zerfließt in den wüsten Phantasmen der Besessenen, die ursprünglich natürlichen Formen verzerren sich zu ungeheuerlichen Visionen, und man ist nicht mehr im Stande anzugeben, wo die Wirklichkeit aufhört und wo sie anfängt. Ein wüstes Gemenge tausendfältiger Kulturrudimente aller Völker und aller Zeiten, ein Fieberwirrwar von Glaubenssätzen aller Religionen, ein vulkanischer Ausbruch entgegengesetzter Instinkte, in wildem Chaos und erbittertem Kampf.

* * *

Der Besuch des Sabbath wirkt wie die Gewohnheit des Opiumessens. Er wird schon nach einmaligem Gebrauch zu einer Leidenschaft, die man nie brechen kann. Alle Aussagen der Hexen stimmen darin überein, daß „der Sabbath ein wahres Paradies sei, und es dort mehr Freuden gebe, als sich aussprechen lasse."[1])

Wurde das Zeichen gegeben, so war es eine Freude, „wie wenn man zur Hochzeit gerufen würde. Der Geist binde also das Herz und den Willen, daß für kein anderes Verlangen Platz vorhanden sei."[2])

Verwundert fragen die Richter, wie denn der Sabbath solche Anziehung ausüben könne, da er doch nur der Ort von Gräueln und Unflath sei? Darauf bekamen sie zur Antwort, daß man diese Gräuel mit einer „verwunderlichen Lust und rasendem Verlangen" genieße, so daß die Zeit „im Genusse so vieler Ergötzlichkeiten wie toll dahinfliege, daß man mit Bedauern von ihm scheide und in unausstehlicher Sehnsucht sich zurückverlange."

„Das seien Freuden wahrlich übermenschlicher Wesen, und nicht irdischer Abkunft."

Auf diese Weise verlor sich bei der Hexe nach und nach der Zweck, die Kirche zu schänden, der Sabbath wurde ihre Religion, das Verbrechen ihre Tugend, die Umkehrung der Instinkte vollzog sich fast unmerklich, sie wurde mit einem Mal ein neues Wesen. Die schändliche Orgie wurde zum Selbstzweck, sie dachte gar nicht mehr an die Beziehung, in welcher ihr Kultus zu dem der christlichen Kirche stand, sie stürzte sich kopfüber in die Abgründe der Instinktrasereien, ohne daran zu denken, daß sie damit Gottesraub begehe. Und so feierte man die Orgie ohne Bezug auf irgend etwas in den einmal vorgeschriebenen Bahnen, mit all den traditionellen Gebräuchen, deren Zweck ursprünglich ein blasphemischer war. Man feierte die Orgie um der Orgie willen, man tobte sich aus in den qualvollsten Wollustkrämpfen, man wurde wieder ein Wolf, ein Vampyr, ein Bock, ein Schwein, man raste in dem Bewußtsein ewiger Verdammniß, aber was bedeuteten alle Himmelsfreuden gegen die übermenschlichen Lüste des Sabbath!

Und so wurde der Sabbath, dem man das erste Mal mit Angst beiwohnte, mit dem grauenhaften Bewußtsein, das Seelenheil unrettbar verloren zu haben, nach und nach zu dem einzigen Kultus ohne Gegensatz, ohne Beziehung und ohne eine andere Bedeutung als die, die Wollust

---

[1]) De Lancre, Aussagen der Johanna Dibasson.
[2]) Aussagen der Maria de la Ralde.

ins Unermeßliche gesteigert zu empfinden. Und Satan, der ursprüngliche Anti von allem Katholischen, wurde der einzige Gott, der gütige Vater, der das maßlose Glück bereitete. Wollte man ursprünglich von ihm irdische Güter haben, verschrieb man sich ihm, um Gold und Macht zu erhalten, so hat man jetzt all das vergessen, man verlangte nichts mehr von ihm, man pries ihn und küßte ihm dankbar den Hinteren. Denn er gab alles, das vulkanische Erbeben des Fleisches, in dessen Spasmen alles Gold als nichtiger Staub und alle Macht als eine dumme Eitelkeit erscheint.

Das Stadium der Negation, der bewußten Blasphemie, womit die Hexe sich in den geschlossenen Zirkel der Satansanbeter einführte, dauerte sehr kurz, in den rasenden Stürmen des Geschlechtes war bald der Christengott vergessen, es gab bald keinen andern Gott außer Ihm, dem ragenden Phallus, und hebt der Bock die schwarze Hostie und „bellt" er die unartikulirten Worte: Das ist mein Leib! Dann fällt die ganze Gemeinde auf die Kniee und mit derselben Inbrunst, mit der sie noch kurz vorher das heilige Sakrament anbetete, stöhnt sie aus tiefstem Herzen: Aquerra goity! Aquerra boyty! (Bock oben! Bock unten!)[1]

Die Hexen, die De Lancre im Baskenlande richtete, entschuldigen sich damit, daß sie durchaus nicht wußten, daß sie Sünde begehen, sie seien sich nichts Unrechtes bewußt, im Gegentheil, sie glaubten, es sei die einzige Religion und mit unendlichem Behagen schilderten sie die unglaublichsten Details ihres Dienstes. „Die Mädchen und Frauen vom Labourt, statt über die verdammliche Sache zu erröthen und ihr Vergehen zu beweinen, haben vor Gericht alle Umstände und das schmutzigste Detail mit solcher Unverschämtheit und Lust erzählt, daß man gesehen, wie sie eine Ehre darein gesetzt und ein besonderes Vergnügen an der Auseinandersetzung gefunden, weil sie die schmutzigsten Liebkosungen des Dämons allem Anderen vorzogen. Sie erröteten nicht im geringsten, welche schlüpfrigen und unsauberen Fragen man immer an sie richtete, so daß unser Dolmetscher im Baskischen, der ein Priester war, mehr Scham hatte, unsere Fragen ihnen zu übersetzen."[2]

„Ita pestis haec velut contagio proserpsit," sagt Wier in seinem prächtigen Buch: De praestigiis daemonum, und der Rath Heinrichs IV. Florimond zu Bordeaux schreibt entsetzt: „Et le diable est si bon maistre, que nous ne pouuons enuoyer si grand nombre (sc. der Hexen) au feu que de leur cendres il n'en renaisse de nouueau d'autres."

* * *

Der Sabbath ist zweifellos das größte kulturhistorische Räthsel, das die Weltgeschichte kennt. Die Aufklärungsperiode hat sich die Aufgabe außerordentlich erleichtert. Es wurde Alles in Bausch und Bogen als Blödsinn und mittelalterlicher Aberglaube erklärt, man benutzte die Hexenprozesse als einen dummen tendenziösen Vorwand, um die Kirche anzugreifen, der sogenannte Kulturhistoriker überflog hastig die allzugut beglaubigten Thatsachen, weil sie ihm unbequem waren und er nicht wußte, was er damit anzufangen hatte, erst in neuester Zeit, nachdem man die

---

[1] De Lancre p. 400.
[2] De Lancre.

seltsamen Erscheinungen des okkulten Phänomenalismus nicht mehr leugnen konnte, nachdem zahlreiche Gelehrte, denen Crookes die Bahn frei gemacht, sich ernsthaft und vorurtheilslos an die Thatsachen des Mediumismus prüfend heranwagten, begann sich das Dunkel zu lichten.

Eins hat man nur übersehen, daß es nämlich einen wirklichen Sabbath gegeben hat, ebenso reell und thatsächlich, wie es eine schwarze Messe unter Ludwigs XIV. war, zu dem die Hexe nicht flog, ihm auch nicht mit ihrem Astralleib beschickte, sondern zu ihm auf ihren Beinen oft meilenweit wanderte.

Zu dieser Annahme berechtigt uns nicht nur Alles, was wir über die Sekten und ihre geheimen Zusammenkünfte wissen, sondern es giebt auch nicht den geringsten Anlaß, die Thatsache zu bezweifeln, daß diese Zusammenkünfte von nicht Eingeweihten überrascht wurden, wobei die Theilnehmer sich mit Windeseile zerstreuten, in einem Falle wurden die Störenfriede mit solch energischen Prügeln bedacht, daß sie unmittelbar darauf an den Folgen zu Grunde gingen.[1]

Natürlich versetzte sich der Theilnehmer durch den rasenden Tanz, durch das gleichmäßige Hin- und Zurückwerfen des Kopfes, ganz so, wie die heutigen Fakire in einen Orgiasmus, der das Wirkliche von dem Visionären nicht unterscheiden ließ. Durch Anwendung von den furchtbaren narkotischen Giften, von deren Beschreibung alle dämonologischen Bücher strotzen, wurde der Zustand gesteigert und endigte bei der hysteroepileptischen Veranlagung des mittelalterlichen Menschen in vollkommenem Schlafwachen. Da nun alle Anwesenden in gegenseitigem Rapport standen, so erklärt sich dadurch die Gleichartigkeit der Visionen, die übrigens durch den satanischen Kodex von vornherein festgesetzt waren, so daß der Theilnehmer an einem solchen satanischen Zirkel, ohne es zu wissen, naturgemäß in visionäre „Seelenvereinigung" mit den Anderen kommen mußte.

Auf die Folgen der hypnogenen Narkotika weisen die unbestimmten Aussagen, welche alle Erscheinungen als verschleiert und wie im Nebel getaucht schildern. Das Bild des Satan wird sehr selten deutlich gesehen, einmal erscheint er nur als eine ungeheure Nebelmasse, das andere Mal wird er in der Gestalt eines Baumstumpfes gesehen, „mit etwas, was einem Menschenantlitz gleicht, aber wie mit Dunkel bedeckt"[2] ein anderes Mal wieder erscheint eine „scheinbar" menschliche Gestalt, roth und flammend wie ein Feuer, das aus dem Ofen schlägt, und dessen Formen nur zur Hälfte und selbst dann verschwommen sichtbar sind.

Es weisen weiter darauf hin die epileptischen somatischen Vorgänge, die Erstarrung der Glieder, das eisige Kältegefühl, das den Körper bei dem Coitus mit dem Incubus oder bei Darreichung der schwarzen Hostie durchschauert, die abnorme Muskelthätigkeit beim Tanze, das Gefühl des Fliegens, die völlige Umkehrung der natürlichen Richtungssphäre, die furchtbaren Krämpfe, von denen viele befallen werden und die alsdann von der Hexe als Schläge ausgelegt werden, die sie vom Teufel bekommen haben will. Ueberaus charakteristisch für diesen Zustand sind die Licht-

---

[1] Spina, Quaestio de Strigibus cap. 20.
[2] Maria de la Ralde bei de Lancre.

und Feuererscheinungen, die man auch heute in Gegenwart eines guten Mediums beobachten kann.

Dieser historische, thatsächliche Sabbath verschwindet nach und nach, die Zusammenkünfte werden vielleicht nur auf die Mittsommernacht beschränkt oder fallen überhaupt ganz weg, denn die Hexe hat ein Mittel gefunden, welches sie in den Stand setzt, alle Freuden des Sabbath zu genießen, ohne persönlich anwesend zu sein, was begreiflicherweise von vorneherein ein Lebensgang der.

* * *

Seele vom ───── zu ────── und ie ── der ─────── der Freude und
des Glückes zu ───────.

Besonders ────── ── ─────── mit ────────── und Mohn
genannt, diese ────── ────── über die ── ─────── vor und ist
wahrscheinlich mit ─────── ────────── ─── L. Belladona identisch.[1])

Die ─────── des ─────── hat sie beschrieben worden, und
Paracelsus, der es ───── nicht ─── ──── eine Salbe, die aus Kinderfett,
Mohn, ─────── ─────── ─────── Eicherie und Schierling
bestehe.

Der ─── und ─────── ────────── und ein Delabsud
der ─── von ─────── ─────── Schierling, Mohn, Giftlattig,
─────── und ───────────.

In ─────── ─── ─── ─────── vielfache Versuche mit den
───── und ─── ──── gemacht und erzielte erstaunliche Resultate.
Es ─────── die ─────── der ─────── mit einer Lösung von selbst-
─────── ─────── ───── von einem lebhaften Fliegen in einer
Schale, als wäre er von einem Wirbelsturm herumgerissen.

* * *

In ─────── ─────── ──── die Hexe, um auf den Sabbath zu
kommen, jedes ─────── ─── erklettern, wenn sie nur vorher ein wenig
gesalbt hat.

Alle Hexen, die ─── ─────── gerichtet hat, und es waren an die
────── und ─── dann einig, daß man vorher geschlafen haben müsse.
Wie ─── der Schlaf auch so tief sein, man "erwacht" immer. Zu
Zeiten genüge es schon, ein Auge zuzudrücken und im nächsten Augenblick werde man "wach" und davongetragen. "Es bedürfe nur ──── ───
──── eines ─────────, und wie entfernt auch der Ort immer sei ───
liege er in der Terra ─────, oder am Ende der Welt, so finde man sich
dahin versetzt."

Und ───── wieder betonen die Hexen, daß nach einem ─────
Schlaf die ─────── in einem vollkommen wachen Zustande ───────
"Das Alles vollziehe sich so reell, daß kein Schlaf, keine Träume ───
keine Illusion auch nicht den geringsten Zweifel an der Realität des
Geschehenen aufkommen lassen."[2])

Hier erscheint also der Somnambulismus völlig von dem natürlichen
Schlaf getrennt, und es ist kein Wunder, daß das rohe Volk der Hexen
nicht merken konnte, daß er ihm überhaupt nicht zum Bewußtsein
kam. Nur einmal finde ich ein Beispiel, wo der Hexe der Verdacht an
der Realität des Sabbath aufsteigt. Johanna ─────── ───── ── ───
Remigius (Doemonolatriae Lib. III, 114) ausdrücklich, daß man auf dem
Sabbath durchaus nicht das natürliche Gesicht habe. Alles ────── ───
durcheinandergewirrt, so daß man nichts Sicheres ─── Gewisses ──────
könne. Es sei ganz so wie wenn man durch ─────── der ─────
oder aus irgend einem anderen Grunde übel sehe oder sich durch ────
verblendet finde.

[1]) Kiesewetter, die Geheimwissenschaften, Bd. II. ───
[2]) De Lancre 101.

und Feuererscheinungen, die man auch heute in Gegenwart eines guten Mediums beobachten kann.

Dieser historische, thatsächliche Sabbath verschwindet nach und nach, die Zusammenkünfte werden vielleicht nur auf die Mitsommernacht beschränkt, oder fallen überhaupt ganz weg, denn die Hexe hat ein Mittel gefunden, welches sie in den Stand setzt, alle Freuden des Sabbath zu genießen, ohne persönlich anwesend zu sein, was begreiflicherweise von vornherein ein Todesgang war.

* * *

Schon Alphons de Spina in seinem Fortalitium fidei contra Judaeos etc. spricht von einer Xurginae oder Bruxae genannten Zaubersekte, die aus Männern und Weibern bestehe. Sie vermischen sich freiwillig mit dem Teufel, der ihre Seelen davonführt und durch sein Blendwerk macht, daß sie Räume von zweihundert Meilen in vier bis fünf Stunden zu durchfliegen glauben.

„Was dann auf dem Sabbath vorgeht, ist Schattenwerk; der Körper bleibt im Bett zurück."

Er erzählt dann, wie eine Hexe in Gegenwart des Inquisitors und des fürstlichen Hofes sich rühmte, daß sie von dem sichtbar oder unsichtbar erscheinenden Teufel durch die Luft auf die Fahrt getragen werde. Man solle ihr nur den Gebrauch der Salbe erlauben. Um sich zu überzeugen, habe man ihr das erlaubt, worauf sie sich gründlichst einsalbte. Aber — „sie blieb unbeweglich liegen, ohne daß sich etwas Ungewöhnliches ereignete, wovon noch Augenzeugen leben. Daraus erhellt, daß die Annahme von der körperlichen Hexenfahrt falsch, und es ein Betrug des Teufels ist, wenn sie fortgetragen zu werden glauben.

Außerordentlich interessant nach dieser Richtung ist das 12. Kapitel der Daemonomania von Bodinus. (Eine Hexe war geständig und versicherte, sie werde auf den Sabbath fahren, wenn man ihr gestattete sich zu salben. Man willigte ein, worauf sie sich mit einer stinkenden Salbe einrieb, sich hinlegte und sofort einschlief. Man band sie in ihrem Bette fest, schlug, stach und brannte sie, ohne daß sie ein Lebenszeichen von sich gab. Am nächsten Tage erzählte sie ihre Sabbathfahrt, aber in der ganzen Erzählung konnte man deutlich unterscheiden, wie sich die ihr angethanen Schmerzen in ihre Visionen vermengt hatten.

Und thatsächlich giebt es in der ganzen Dämonologie nicht ein einziges, einigermaßen beglaubigtes Beispiel einer solch vollkommenen „Levitation", daß die betreffende Person „durch die Lüfte" auf weite Entfernungen hin getragen würde.

In allen Fällen sah man die Hexe sich in der Weise zu ihrer Ausfahrt vorbereiten, daß sie sich nackt auszog, sich gewisse Stellen des Körpers mit der Salbe einrieb, worauf sie in Starrkrampf verfiel.

Diese Salbe, welche die Hauptrolle bei allen Hexenprozessen spielt, ist wieder durchaus nichts speziell mittelalterliches; sie kommt bei allen Völkern und zu allen Zeiten vor.

Der Somatrank der Brahminen zur Erzeugung von Hellsehen und Vollendung der Yoga, das Nepenthes des Homer, das Potomantes, Thalassegle, Gelatephyllis bei Plinius sind alles ähnliche Mittel, um die

Seele vom Körper zu trennen und sie in den Zustand der Freude und des Glückes zu versetzen.

Besonders berühmt war Heliocabus, auch Helicacabon und Moly genannt, diese Pflanze kommt schon bei den Aegyptern vor und ist wahrscheinlich mit Antropa Mandragora oder A. Belladona identisch.[1]

Die Hexensalben des Mittelalters sind oft beschrieben worden, und Paracelsus, der es wissen mußte, nennt eine Salbe, die aus Kinderfett, Mohn, Nachtschatten (Solanum furiosum) Cichorie und Schierling besteht.

Wier nennt noch Fünffingerkraut, Fledermausblut und ein Oelabsud der Samen von Taumellolch, Bilsenkraut, Schierling, Mohn, Giftlattig, Wolfsmilch und Tollkirschenbeeren.

In unseren Tagen hat Karl Kieswetter vielfache Versuche mit den Hexensalben an sich selbst gemacht und erzielte erstaunliche Resultate. So bewirkte die Einreibung der Herzgrube mit einer Lösung von selbst= dargestelltem Hyoscyanin Träume von einem lebhaften Fliegen in einer Spirale, als wäre er von einem Wirbelsturm herumgerissen.

* * *

In vorgerückten Stadien kann die Hexe, um auf den Sabbath zu kommen, jedes künstliche Mittel entbehren, wenn sie nur vorher ein wenig geschlafen hat.

Alle Hexen, die de Lancre gerichtet hat, und es waren an die Tausend, sind sich darin einig, daß man vorher geschlafen haben müsse. Aber mag der Schlaf noch so tief sein, man „erwacht" immer. Zu Zeiten genügte es schon, ein Auge zuzudrücken und im nächsten Augen= blick wurde man „wach" und davongetragen. „Es bedürfe nur den Zeit= raum eines Augennickens, und wie entfernt auch der Ort immer sei und läge er in der Terra Nuova, oder am Ende der Welt, so finde man sich dahin versetzt."

Und immer wieder betonen die Hexen, daß nach einem kurzen Schlaf die Entrückung in einem vollkommen wachen Zustande erfolge. „Das Alles vollziehe sich so reell, daß kein Schlaf, keine Träume und keine Illusion auch nicht den geringsten Zweifel an der Realität des Geschehenen aufkommen lassen."[2]

Hier erscheint also der Somnambulismus völlig von dem natürlichen Schlaf getrennt, und es ist kein Wunder, daß das rohe Volk den Unter= schied nicht merken konnte, daß er ihm überhaupt nicht zu Bewußtsein kam, nur einmal finde ich ein Beispiel, wo der Hexe der Verdacht an der Realität des Sabbath aufsteigt. Johanna Michaelis erklärt bei Remigius (Daemonolatriae Lib. III, 114) ausdrücklich, daß man auf dem Sabbath durchaus nicht das natürliche Gesicht habe. Alles erscheine dort durcheinandergewirrt, so daß man nichts Sicheres und Gewisses ersehen könne. Es sei ganz so wie wenn man durch Trunkenheit oder Schlaf, oder aus irgend einem anderen Grunde übel sehe oder sich durch Gaukelei verblendet finde.

---

[1] Kiesewetter, die Geheimwissenschaften, Bd. II. 578.
[2] De Lancre 101.

Doch diese Fälle eines unvollkommenen Schlafwachens sind äußerst selten, wir finden im Gegentheil den Somnambulismus sehr häufig so hochgradig entwickelt, daß der Durchgang durch den körperlichen Schlaf auf ein transcendentales Zeitmaß zusammenschrumpft. So erzählt Katharina von Landal (De Lancre 101), daß sie des Schlafes überhaupt nicht bedürfe, sondern, wenn sie des Abends am Feuer sitze, bekomme sie ein so furchtbares Verlangen nach dem Sabbath, daß sie es mit keiner Begierde vergleichen könne und sofort werde sie dahin versetzt.

* * *

Zahllos sind die Verbrechen, welche die Hexen begingen.

Mit größter Peinlichkeit in systematischer Reihenfolge zählt Johann Nider in seinem „Formicarius" alle diese Verbrechen auf. Als solche nennt er die Verläugnung und Verlästerung der christlichen Kirche, den Pakt mit dem Teufel und den obscönen Huldigungsakt, bei denen der Teufel in menschlicher Gestalt erscheint, die Luftfahrten, die Verzauberung von Getreide und Vieh, die Erregung von Haß und Wollust, die Verhinderung des Beischlafs und der Empfängniß bei Menschen und Thieren, die Verwandelung der Hexen und Zauberer in Thiere (Lycantrophie), die Tödtung der Frucht im Mutterleib durch Zauberei, die Verwendung der Leichentheile gemordeter Kinder zu Salben und endlich die Buhlschaft mit dem Incubus und Succubus.

Freilich hat man sich gewöhnt der Hexe die unglaublichsten Verbrechen anzudichten, aber die, die sie thatsächlich begangen hat, genügen, um auch den grausamsten Inquisitor in Schutz zu nehmen.

Die Umkehrung ihrer ganzen physischen Natur, die totale Entwerthung der Gesetze, die für den normalen Körper Geltung haben, hat bewirkt, daß sie Verbrecherin wurde. Nicht mit bewußter Absicht, nicht mit klarem Willen, sondern mit derselben Nothwendigkeit, mit der jeder Andere das Gute thut, oder sich bei einer bösen Handlung des Bösen bewußt wird.

Die ewige Frage jeder religiösen Doktrin: Πόθεν τὸ κακόν erklärt sich bei der Hexe von selbst durch ihre organische Veranlagung.

Alle bürgerlichen und göttlichen Gesetze kehren sich von selbst in ihrem Gehirne um, und von selbst entsteht der fürchterliche satanische Kodex: Den Satan sollst Du lieben, ihn als Gott verehren, und Keinen außer ihm. Den Namen Jesu sollst Du verachten und beschmutzen. Die heiligen Tage der Synagoge sollst Du in Ehren halten, den Vater und die Mutter hassen. Du sollst tödten Männer, Frauen und vor allen Dingen die Kinder, denn damit kränkst Du am tiefsten jenen, der da gesagt hat: Lasset die Kindlein zu mir kommen. Du sollst die Ehe brechen, Unzucht jeder Art betreiben am liebsten wider die Natur, Du sollst rauben, morden und vernichten, Du sollst falsch schwören und falsches Zeugniß abgeben.

Die magischen Fähigkeiten, die sie besitzt, geben ihr eine furchtbare Macht über die Menschen. Schon ihr Blick genügt, um ihren Feind zu lähmen und war so gefürchtet, daß die Hexe mit dem Rücken gewandt vor die Richter geführt wurde. Eine ihrer Handbewegungen genügt schon, um einen Menschen in Hypnose zu versetzen, auf sein Gehirn so einzuwirken, daß Stigmatisationen auf seinem Körper entstehen und ihr Wille ist so stark, daß sie ihn auf große Entfernungen überträgt und sich mit Menschen, die weitab wohnen, in Rapport versetzt.

Aber sie verschmähte durchaus nicht die natürlichen Mittel, um diese verderblichen Wirkungen zu erreichen. Sie ist eine enragirte Giftmischerin. Es giebt keine Giftpflanze, die sie nicht erforscht und ihre Wirkungen ganz genau gekannt hätte. Aber um die natürliche Wirkung zu erhöhen, um Krankheiten „anzaubern" zu können, dazu braucht sie Leichentheile, das Fett frisch gemordeter Kinder.

Und sie raubt Kinder, wo sie nur kann, am liebsten ungetaufte, um gleichzeitig dem verhaßten Philipp[1]) eine Seele zu rauben, sie mordet es unter den entsetzlichsten Martern, um ihren Gebieter zu erfreuen, kocht das Fleisch, vermengt es mit den schmutzigsten Ingredienzien mit den Abkochungen von den verschiedensten Giftpflanzen und stellt so das furchtbare „Anthropotoxin" her.

Die Jagd auf Kinder war ein außerordentlich verbreiteter und beliebter Sport im Mittelalter. Die Zahl der armen Opfer ist unglaublich. Der berühmte Gilles de Rais (Retz) mordet allein gegen tausend Kinder zu satanischen Zwecken, denn „er war unter einem solchen Stern geboren, daß nie ein Mensch ähnliche Verbrechen begehen könnte, wie er". Dies sind seine eigenen stolzen Worte. Auf jedem Sabbath wurde mindestens ein Kind „geopfert", Juden und Christen wetteiferten im Kindermord, und der berüchtigte Bischof Guibourg hat bei jeder seiner zahllosen schwarzen Messen ein Kind hingeschlachtet, und sein Blut, vermischt mit dem Menstruationsblut, in Christi Blut verwandelt.

Zu Zeiten hat man auch Erwachsene dazu verwendet. So ist ein Fall bekannt, daß ein italienischer Kardinal seine „rothhaarige" Konkubine, die eben geboren hatte, bis an die Brust in die Erde grub, an die Brüste zwei Schlangen setzte und den ausfließenden, sowie den in den Thierleibern gefundenen Saft zu Giftmischerei verwendete.

So hat man Gifte hergestellt, deren berüchtigtstes das bekannte Aqua Toffana ist. Seine Wirkung ist furchtbar. Kein Gegengift hilft, keine Vorsicht hilft vor demselben, da es klar ist und keinen Geschmack hat. Man kann es monatelang in sich tragen, ohne bettlägerig zu sein, man spürt nur ein großes Mißbehagen, das allmählich zunimmt, bis der Körper endlich hinfällt. Es greift die edelsten Theile des Körpers an, verursacht keine Zuckungen, keine besonderen Schmerzen, sondern nur ein allmähliches Auslöschen, Hinschmachten, Hinsinken. Erst nach dem Tode wird die Wirkung sichtbar: Die Glieder lös'n sich und bei den Leichenbegängnisse des Kardinals Ganganelli, der im offenen Sarge getragen wurde, fiel ein Bein aus dem Sarg heraus.

Durch alle solche Sudelköchereien entstanden gewiß ganze Epedemien, alle die seltsamen nervösen Erkrankungen sind wohl zum Theil darauf zurückzuführen, und endlos ist die Reihe der Prozesse wegen Zubereitung dieses „gifftigen Sauwercks." Diese Prozesse waren sehr berechtigt und wohlbegründet und in den meisten Fällen lag auf dem Richtertisch das „gifftige Sauwerck" als Corpus delicti, das bei der Haussuchung vorgefunden war. Im Jahre 1605 wurden in Böhmen, Schlesien und der

---

[1]) So nannten die Hexen den Christus.

Lausitz gegen zweitausend Giftmischer hingerichtet. Und da die menschliche Gerechtigkeit besonders wirksam werden sollte, so hat man sie mit glühenden Zangen gekniffen, gerädert und dann „geschmäucht", d. h. durch ein im Kreise herum angezündetes Feuer langsam gebraten; „und es war davon ein großer Gestank."

Sehr interessant ist Carrichters Darstellung, wie solche Zaubertränke bereitet werden.[1])

„Wundere dich nicht, wenn dieser Mensch große Schmerzen hat, die Hexe hat genommen die Kräuter — (es folgen die Namen der Pflanzen, vertheilt nach der astrologischen Botanik) hat auch etliche Zauberworte dazu gesprochen, die ihr der böse Geist gelehret hat: denn die Unholdinnen verstehen das nicht, was sie reden, sondern sie habens am bösen Geiste, und thun nichts dazu, als die Imagination des falschen Glaubens, drücken alsdann den Saft aus den Kräutern, waschen die Hände dreimal damit, lassens allemal von sich selbsten trocknen, behalten die Kräuter in der Hand, bis die Hände trocken sind, darnach waschen sie die Hände nicht mehr, bis sie den angerührt haben, den sie beschädigen wollen; sobalde sie zu demselbigen kommen, reichen sie ihm die Hand; so derselbe sich nicht Gott befohlen, so fährt der falsche Kräutergeist in ihn und verstopft augenscheinlich die drei natürlichen Geister des Blutes: dann kömmt im Augenblick unter dem Griff ein toller Schmerz, wie ein Grimmen im Leibe, kommt von Stunde zu Stunde weiter in Leib', wird contract und schreit Ach und Weh."

Freilich hängt die Wirkung aller solcher Mittel von der Telenergie, der Empfänglichkeit und Suggestibilität des Betreffenden ab, aber der Mensch des Mittelalters war außerordentlich empfänglich, und in den meisten Fällen werden ähnliche Praktiken von Erfolg gewesen sein.

Ich muß mich natürlich nur auf dies Wenige, was ich über das Malefizium gesagt habe, beschränken, aber es genügt, um hierin den berechtigten Grund der Hexenprozesse zu suchen.

Das Mittelalter befand sich in der Nothwehr. Es mußte die verbrecherische Sekte ausrotten, ähnlich wie es die Engländer in unserer Zeit versuchen, mit den „Tuggs" in Indien fertig zu werden. Die Verbrechen steigern sich von Jahr zu Jahr, und hat man hin und wieder versucht, die Hexenprozesse einzustellen, mußte man immer von Neuem das Verfahren eröffnen. Und zweifellos war es die höllische Angst vor der Wippe, der Zange, dem Rad, dem Pechstiefel, die viele mediumistisch veranlagte Personen davon abhielt, sich dem Satan zu übergeben und ihm zu Ehren die Produkte der Sudelköchereien im „Dienste der leitenden Menschheit" anzuwenden.

Freilich wurde manch Einer unschuldig „geschmäuchet",[2]) aber auf die acht Millionen Hexen, die nach oberflächlicher Schätzung gebrannt wurden, entfällt sicher ein verschwindender Bruchtheil von Unschuldigen.

---

[1]) Sein Buch, das vielfach bei den älteren Schriftstellern zitirt wurde, ist nirgends aufzufinden. Kiesewetter allein hat eine Abschrift davon gehabt.

[2]) Es ist seltsam, wofür man gebraten werden konnte. Einmal hat man eine Dame „geschmäucht", die sich in den Nächten einsamen Freuden zu überlassen pflegte. Sie wurde gefragt, „was sie in ihrer Kammer, wie sie bei Joachim Liecht gedienet, alle Zeit gemachet; warum sie des Nachts im Bette so

Es ist bekannt, wie es außerordentlich schwer ist, ein einigermaßen gutes Medium zu bekommen. Das haben wir den Sprenger, Bodinus, Remigius, De Lancre, all den zahllosen Richtern, die mit der Zaubersekte nicht gerade milde aufgeräumt haben und alle mediumistisch veranlagte Personen ausrotteten, zu verdanken. Nach einer Seite hin, wenn man auf das Wohlergehen — he, he — des menschlichen Geschlechts Bedacht nimmt, war es gut. Denn abgesehen davon, daß fast alle diese Menschen mit einer ausgesprochenen „moral insanity" behaftet sind, einer moral insanity, die sich in dem erbärmlichen Jahrhundert der Elektrizität im unschuldigen Betrug an den Professoren äußert, hat das Mittelalter die Anlage zu Hystero-Epilepsie, alle die Keime, aus denen die entsetzlichen nervösen Epidemien aufblühten, zerstört.

Der freisinnige Bürger, der mit solcher Empörung über diese Prozesse spricht, sollte sich bei Remigius bedanken, daß er nicht auf dem Markte rasende Tänze aufführt, nicht seinen Doppelgänger sieht, daß er in den Nächten nicht durch unsichtbaren Höllenlärm geplagt wird und dergleichen Divertissements.

* * *

Gegen Ende des sechszehnten Jahrhunderts fängt sich Satan unter dem infamen Gelichter der Hexen zu langweilen an. Die ecclesia militans ist triumphans geworden. Er braucht keine Agitation, keine Propaganda. In zahllosen Schaaren strömen ihm die Weiber zu und mit nachlässiger Indifferenz sieht er sie um sich herumrasen, sich im Schmutz wälzen und wildes Geheul herausstoßen. Er ist grausam geworden, in der Gier nach neuen Lüsten erfindet er die entsetzlichsten Raffinements. Und war die Kopulation früher nur eine unangenehme Kälteempfindung, so ist sie jetzt zu einer fürchterlichen Tortur geworden. Das Weib, das er sich auserkoren hat, schreit, wie in Wehen, sie trieft von Blut „aussi bien devant que derrière, selon le lieu où il est allé beurter."[2])

Das sind Aussagen von Mädchen von 13—16 Jahren, die in ihrem Leben völlig rein und jungfräulich waren und die sogar, wie Paracelsus sagt, „actum venerem" nicht wollen!

Nein, er mag das nicht mehr, seine Phantasie kann keine Abwechselung mehr in die Orgien hineinbringen. Er mag auch nicht mehr sich auf abgelegenen, unzugänglichen Orten verbergen. Jetzt ist er mächtig

---

gepampert, wann das kleine Mädchen Katharina bei ihr geschlaffen, und was das Pampern sei". Hätte sie auch den Grund des „Pamperns" angegeben, hätte ihr nicht viel genützt, denn die Hexe galt als Onanistin. Ja, Paracelsus stellt als ein Kennzeichen der Hexe auf, daß sie „der Bulerey Veneris vergessen, — die Manne verlieren, — wollen actum venerem nicht halten, — verborgen, allein seyn, — wol liegen, sich versperren ꝛc."

[2]) De Lancre. Er führt aus Schamgefühl nur die anständigsten Aussagen an: l'organe du démon était énorme et couvert de squames dures comme le fer qui blessaient en se rebroussant. Johannès d'Aguerre dit que le diable en forme de bouc avait son membre au derrière et connaissait les femmes en agitant et poussant avec iceluy contre leur devant. Or bien encore il besognait à la fois dans les deux vases, car sa mentule était farouche.

genug, um in die Kirche seines Widersachers hineinzudringen, ihn vom Altar zu stürzen, sich selbst darauf hinzusetzen und die Priester zu seinen unterthänigsten Dienern zu machen.

Und es war ihm nicht schwer bei dem enormen Vorstoß, den er Ende des 16. Jahrhunderts gemacht hat, in einer Zeit, da, wie Remigius behauptet, unter drei Menschen, die man auf's Gerathewohl auf der Straße aufgreift, sicherlich zwei der Zauberei schuldig sind.[1]) Es fanden sich Priester im Ueberfluß, welche den Sabbath nunmehr in die Kirche verschleppten und im Kreise der Eingeweihten die schändlichen schwarzen Messen abhielten. Schon de Lancre hatte drei Priester gebrannt, weswegen er sich mit allen nur erdentlichen Gründen entschuldigt, nicht viele Jahre später wird die schwarze Messe ganz allgemein, sie wird namentlich in Nonnenklöstern abgehalten, in diesen Brutstätten der dämonomanischen Anlagen, die von den Beichtvätern entwickelt, zur Befriedigung der fleischlichen Gelüste und zu anderen Zwecken ausgenutzt werden.

Berühmt wurde der Prozeß der Magdalaine Bavent, die uns in ihren Memoiren einen sehr guten Aufschluß über diesen obscönen Kultus giebt.[2])

Der Ort ist eine Kapelle des Klosters zu Louviers. Keine Sitze waren da, aber es war hell wegen der Lichter, die wie Fackeln auf dem Altar standen, und die wahrscheinlich, wie es allgemeiner Brauch war, aus dem Fett der Gehängten zubereitet waren. Anwesend sind einige Priester, darunter Picard, sein Vikar Boullé, noch ein paar andere, die Mad. Bavent nicht kennt, und ein paar Nonnen, fünf bis sechs.

„Die Hostie war der unserigen gleich, doch ohne Bild. Man machte auch die Elevation und hörte dabei furchtbare Blasphemien. Die Messe wurde mit dem Papiere der Blasphemien abgehalten, das die furchtbarsten Verwünschungen der Dreifaltigkeit, des Altarsakraments, der anderen Sakramente und der Ceremonien der Kirche enthielt.... Alle Handlungen sind ehrlos, und es ist unmöglich, daß ich anders als mit Schauder ihrer gedenke.... So viel ist gewiß: die Heiligen Gottes thun große Dinge, die Unheiligen des Teufels aber geben ihnen darin auf der anderen Seite nichts nach. Die Bosheit der Priester treibt sie bisweilen, über großen Hostien Messe zu lesen, sie dann in der Mitte auszuschneiden, auf ein in gleicher Weise zugerichtetes Pergament aufzukleben und dann sie in schändlicher Weise zu ihren Lüsten zu gebrauchen!"...

Maria von Sains erzählt, die Anwesenden werden mit Christi Blut besprengt unter dem Ausruf: Sanguis eius supra nos et super filios nostros! Die Messe selbst wird begleitet von den unwürdigsten obscönsten Bewegungen und Ausrufen. Einige strecken die Zungen aus, andere werfen völlig die Kleider ab, andere entblößen den Hintern, den sie gegen den Altar kehren, andere wieder masturbiren in der schamlosesten Weise und all dies steigert sich bei der Elevation zu einer höllischen Raserei, die dann schließlich in der Tobsucht einer entfesselten Geschlechtsorgie ausartet.

---

[1]) Um dies praktisch zu beweisen, hat er sich selbst denunzirt und wurde auch pflichtschuldigst verbrannt.

[2]) Histoire de Magdalaine Bavent, religieuse du monastere de saint Louis de Louviers etc. Paris chez Jacques le gentil 1652.

Gegen die Mitte des XVII. Jahrhunderts wird die schwarze Messe populär. Sie ist nun fast öffentlich geworden, und es war kein Geheimniß mehr, daß sie unter großem Zulauf von hysterischen Weibern in der Kirche des heiligen Geistes in Paris, in der Abtei von Montmartre u. s. w. gefeiert wurde.

Der Prozeß, den man unter der glorreichen Regierung des Roi-Soleil dem Abbé Guibourg machte, kompromittirte die höchste Aristokratie und die Maitressen des Königs so schwer, daß man ihn schleunigst unterdrücken mußte. Aber es wurden genug Thatsachen bekannt, um uns ein genaues Bild einer solchen Messe, die auch für die folgenden und für unsere Zeit typisch ist, ein deutliches Bild zu machen.

In einer Kapelle, die ganz schwarz ausgeschlagen war, stand der Altar mit einem Kranz, umgeben von schwarzen Kerzen.

Hier erwartete Guibourg[1]) seine Klienten.

Und sie kamen in Schaaren herangelaufen. Der große Débaucheur und Giftmischer, der Hofdichter Racine, die d'Argenson, die de Saint-Pont, la Bouillon, Luxembourg, vielleicht auch Lord Buckingham, aber heute — es ist der letzte Januar 1678 — ist es die berühmte Marquise Montespan.

Sie ist besessen von dem Verlangen, Königin zu werden, sie will Alles opfern, Alles thun, um dies zu erreichen, aber nie ist sie so weit entfernt, ihren Ehrgeiz zu befriedigen, wie grade jetzt, da Ludwig XIV., der an Satyriasis litt, bedenklich zu erkalten begann.

Aber Guibourg, der berüchtigte Guibourg, der die ganze Aristokratie mit Giften versorgte, sie mit Liebesphiltren verpestete, Guibourg allein konnte helfen.

Kaum war sie in die Kapelle hineingekommen, als sie sich scheu ihrer Kleider entledigte und sich nackt auf den Altar hinlegte.

Nun begann die infame Ceremonie.

Ueber ihren Bauch breitet der Priester ein Tuch und stellt darauf den Kelch, auf ihre Brust legt er das Kreuz. Darauf spricht er die Messe nach dem katholischen Ritus, nur daß er überall da, wo der Priester den Altar küßt, ihren nackten Körper küßte. Quotiescumque altare osculandum erat, Presbyter osculabatur corpus, hostiamque consecrabat super pudenda, quibus hostiae portiunculam inserebat.

Der Augenblick der Konsekration nähert sich. Die Tochter der berühmten la Voisin, die aus dem Prozeß der Giftmischerin Brinvilliers nur allzu bekannt ist, läutet dreimal. Die Thür öffnet sich, die furchtbare Hexe Des Oeillets erscheint mit einem zwei- bis dreijährigen Kinde unter dem Arm. Man hat es von seiner Mutter für einen Thaler gekauft, die Kinder waren eine sehr billige Waare, jetzt soll er die Worte des Christus erfüllen, denn Guibourg murmelt: Christus hat gesagt, lasset

---

[1]) La Reynie schildert ihn wie folgt: Cet homme qui ne peut être comparé à aucun autre sur les nombres des empoisonnements, sur le commerce du poison, sur les sacrilèges et les impiétés, connaissant et étant connu de tout ce qu'il y a des scélérats, convaincu d'un grand nombre de crimes horribles, cet homme qui a égorgé et sacrifié plusieurs enfants, qui outre les sacrilèges dont il est convaincu confesse des abominations qu'on ne peut concevoir.

die Kindlein zu mir kommen. Ich will, daß Du zu ihm gehst und mit ihm eins werdest.

Nun hebt Guibourg das Kind hoch, hält es über dem Kelch und schreit: „Astaroth, Asmodée, princes de l'amitié, je vous conjure d'accepter le sacrifice que je vous présente de cet enfant pour les choses que je vous demande." Er legt das Kind auf den Bauch der Montespan und schneidet ihm die Kehle ab. Ein furchtbarer Schrei und das Opfer ist vollbracht. Das Köpfchen des Kindes fällt zurück, das Blut fließt in den Kelch hinein, bespritzt die Meßkleider des Priesters und die nackten Glieder des lebendigen Altars. Die Des Oeillets nimmt den gemordeten Körper, reißt ihm die Eingeweide heraus, die todte „Mumie", die zu so vielen Zwecken noch dienen soll.

Guibourg rührt das Blut und den Wein um, eine gebrochene Hostie, in der die Asche von gebrannten Kinderknochen enthalten ist (Kinder, die ohne Taufe sterben) steckt er hinein, hebt den Kelch hoch:

Das ist mein Fleisch! Das ist mein Blut!

Er trinkt und giebt den Kelch der Montespan zu trinken. Nach der Konsekration beschwört der Priester die finsteren Mächte, alle Wünsche der Montespan zu erfüllen, daß der König Tisch und Bett mit ihr theile, daß die Königin verstoßen und unfruchtbar werde, daß sie selbst zur Königin von Frankreich ernannt werde.

Nun folgt etwas Empörendes: Missa tandem peracta, Presbyter mulierem inibat, et manibus suis in calice mersis, pudenda sua et muliebria lavabat. Die Erbin eines der berühmtesten und vornehmsten Namen in Frankreich giebt sich der schmutzigen Lust eines Greises hin in Gegenwart der la Voisin und der Des Oeillets!

Zum Schluß bereitet der Priester aus den Resten der Hostie, dem Blut und den Eingeweiden des Kindes ein Sachet, daß er der Montespan übergiebt. Die Messe war von Erfolg, denn Tags darauf hat die Montespan den König zurückgewonnen und ihn mächtiger als je zuvor an sich gekettet[1]).

* * *

Für unsere Zeit sind die Zeugnisse naturgemäß sehr selten und von geringer Zuverlässigkeit. Das wenige, was wir darüber wissen, gelangte nur unter unsäglichen Schwierigkeiten zur Kenntniß derjenigen Okkultisten, die sich damit beschäftigen, vor allen Dingen ist es Huysmans, der in seinem unsterblichen Là-bas und in der Vorrede zu dem sonst sehr mittelmäßigen Buche von Jules Blois: Le satanisme et la magie noire uns einige Aufschlüsse giebt.

Das liberale Bürgerthum triumphirte unlängst, als Leo Taxil seine Späße mit den Klerikalen in Paris trieb, nichtsdestoweniger ist als sicher anzunehmen, daß die Sekte der Satansanbeter sich gegenwärtig gespalten hat.

Der eine Zweig, die Palladisten — in welchem Verhältniß sie zu der italienischen Freimaurerei stehen, bleibt dahingestellt[2]) — haben den

---

[1]) Ich folgte der Darstellung des Dr. Legué in seinem Werke Médecins et Empoisonneurs, der die Manuskripte des Prozesses ausgezogen hat.

[2]) Der Adriano Lemmi, der Großmeister der italienischen Loge und der Chef der Sekte scheint nicht der reine Engel, wofür ihn die liberalen Blätter ausgeben, zu sein. Huysmans nennt ihn: un filou condamné pour vols en France.

Katholizismus einfach umgedreht. Es ist eine Art neognostischer Sekte, für die der Lucifer als der Adonaï gilt. Er ist Gott des Lichtes, das Prinzip des Guten, während Jehovah-Adonaï der böse Gott, der Gott der Finsterniß ist. Man sieht, daß der alte Manichäismus eine unglaubliche Zähigkeit und Lebenskraft hat.

Die Sataniker dagegen wissen sehr gut, daß Satan der gefallene Engel ist, der große Widersacher und die ewige Schlange der Versuchung. Er ist das, was er für die mittelalterlichen Sataniker war, der große Fürst der Finsterniß, mit dessen Hilfe man in Besitz der seltensten Fähigkeiten gelangen, und unter dessen Schutze man alle Verbrechen straflos begehen kann, um so mehr, als die Künste der schwarzen Magie im heutigen Gesetzbuch nicht vorgesehen sind. An ihrer Spitze steht gewöhnlich ein Priester, der die gottesschänderischen Messen liest und der gleichzeitig wie der berühmte Kanonikus Docre mit seltenen magischen Fähigkeiten und Kenntnissen begabt ist.

Eine solche Messe beschreibt Huysmans mit einer erstaunlichen Kraft und Wucht in seinem Roman Là-bas, die, abgesehen von rein künstlerischen Zuthaten, ein Dokument ersten Ranges ist.

Es ist ja immer ewig und dieselbe Sache, die blasphemische Messe, die Schändung des Altarsakramentes, die schließliche Geschlechtsorgie, ins Unmenschliche durch die Inhalation von narkotischen Giften gesteigert. Und immer wieder dasselbe. Ein Priester, der an Satyriasis leidet, und hysterische Weiber mit somnambulen Anlagen. Eine psychologische Erklärung für diese ungeheuerlichen Praktiken ist ebenso wenig möglich, wie für jede andere Religion. Denn das ist der Satanismus ebenso gut wie jede andere, aber es ist die Religion à rebours, die Religion des Hasses, der Rache und der Unzucht. In den Abgründen des Geschlechts ist alles möglich, dort werden alle Verbrechen ausgebrütet, dort rast die fürchterliche Begierde nach Delirien, die nur durch das Unmenschliche, durch Vernichtung aller Gesetze, die sonst für die menschliche Psyche bindend sind, gestillt werden können.

Die schwarze Messe kann ein normaler Mensch ebenso wenig begreifen, wie er die Sodomie oder den Bestialismus begreifen kann, und doch fällt es Niemanden ein, das Letztere zu leugnen, was man doch bekanntlich mit einer seltsamen Wuth in Betreff der schwarzen Messe thut. Und so wächst die Sekte unter dem Schutz des atheistischen liberalen Bürgerthums und der liberalen Kirche, die sich mit Darwinismus und dem Materialismus auseinandersetzt und ihren Bestand auf den Errungenschaften der materialistischen Lehren basirt, rüstig fort, sie erstarkt und wird mächtig.

Die Kirche, die bekanntlich immer der größte Feind jeglicher Mystik war, die grobe materielle Kirche, die ihren Ursprung verleugnet, will nichts davon wissen, obwohl sie alle Ursache hätte, sich ein wenig mit der Sekte zu beschäftigen, selbst auf das Risiko hin, irgend einem der Berliner Blätter zu einem dummen und billigen Witz zu verhelfen.

Zum Schluß noch einige Worte über eine Sekte, die vom Vintras gestiftet war, Karmel, in dessen Schooß neben dem Gottesraub die schändlichste Unzucht getrieben wird. Den Pariser Rosenkreuzen ist es unter unsäglichen Schwierigkeiten gelungen, vollkommenen Aufschluß über die esoterischen Lehren dieser Sekte zu erlangen. Stanislas de Guaita hat sie in seinem höchst lesenswerthen Buche Le serpent de la gènese, Bd. I publizirt.

Die Sekte ist gegründet auf der aufsteigenden Redemptio der Wesen von der niedrigsten bis zu der glorreichsten Stufe.

Jeder muß an seiner eigenen Vervollkommnung arbeiten und an der allgemeinen theilnehmen. Wodurch soll man diese Erlösung erlangen? Darauf als Antwort das große Geheimniß des Karmel: Durch einen Akt der sündigen Liebe (Eva, die mit der Schlange buhlte) haben wir das Paradies verloren; durch den Akt einer religiösen Liebe kann man es wieder erlangen.

Die geschlechtliche Union kann sich also auf eine höllische Weise, wie in dem Paradies, oder auf eine himmlische Weise, wie im Karmel, vollziehen.

Nun vollziehen die Karmeliften den Akt der „himmlischen" Liebe untereinander, um sich zu vervollkommnen und mit niederen elementaren Geistern (im Succubat event. Incubat) um sie „célestifier".

Hors des unions, point de salut! Alle Männer der Sekte besitzen alle Frauen und umgekehrt. Dieser geschlechtliche Kommunismus bildet die Essenz aller dieser Lehren. Der Altar ist das Bett, der Kuß ist eine priesterliche Handlung und das widernatürliche Laster des Onan dient dazu, um niedere Wesen aufsteigen zu lassen, die öffentliche Kopulation, wobei nicht einmal wie bei den Gnostikern das Licht ausgelöscht wird, die schamloseste Prostitution wird zur größten Tugend, zu einem Akt der inneren Heiligung.

Die Rosenkreuzer, welche die Geheimnisse der Sekte mit der größten Sorgfalt auf Grund eines kolossalen Materials und der eigenhändigen Briefe des Chefs der Sekte — des Propheten Johann Baptista,[1]) geprüft haben, sprachen über ihn das Verdammungsurtheil, das die Vehme vollführen wird, sobald er nicht innerhalb weniger Jahre seine Orgien einstellt.

Hier ein paar Beispiele, wie der Prophet, der Vater, seine Anhänger heiligt.

La famille G . . . ne disposant que de deux lits. les Unions avaient lieu dans l'un, ou le Père couchait evec les deux filles à la fois.

„En mars 1883 le Carmel était dans toute son action" — es handelt sich um eine schwarze Messe, wobei es zu schändlichen Eifersuchtsszenen kam. Eine Dame „ne trouvait pas une compensation suffisante à la perte de son mari, qui était violemment épris de Mlle C. G . . . Sie drohte das Geheimniß der Sekte zu verrathen. Nun folgt das Unglaubliche, das durch reuige Augenzeugen deponirt wurde. Die Dame hat ihren Mann zurückbekommen, während das Fräulein dut demander pardon à genoux à Madame, tandis que cette dame, couchée avec son mari, accomplissait une union céleste.

---

[1]) Bei der Korrektur erfahre ich, daß es der Abbé B... ist (sein Name wird verschwiegen). Er ist im Januar 1893 unter sehr seltsamen Erscheinungen gestorben. Er war fest überzeugt, daß er verhert sei. Wahrscheinlich ist er an dem Incubat zu Grunde gegangen. Hier ein Beispiel, wie er es machte: In ventrem cubans. manu stupratur. Tunc foemineae crebro Spiritus vocati apparent quorum formas modo simul. modo altertius vicibus sibi submissas sentit.

Umgeben von Medien und Somnambulen, durch die er die Geheimnisse der schwarzen Magie erfahren will, nachdem er sie in den schlafwachen Zustand versetzt hat, Chef einer großen Sekte, deren Anhängerschaft naturgemäß im rapiden Aufsteigen sich befindet, bildet der jeweilige Prophet eine Gefahr, welche das liberale Bürgerthum schon aus rein sozialen Ursachen nicht übersehen sollte.

Creatum est os ad edendum, creata sunt genitalia ad coëundum, das ist das oberste ewig neue und ewig alte Prinzip des unsterblichen Gnosticismus. Auch der nachfolgende Satz bekräftigt nur das, was wir bereits vom Sabbath her wissen: doctam esse testor, nullo sanguinis vinculo prohiberi, quin et fideles coëant invicem: nec patrem cum filia, neque cum filio matrem, neque cum fratre sororem unquam rite misceri fuisse nefas.

Dieser geschlechtliche Mystizismus, der die widernatürlichste Unzucht heiligt, ist ja nichts Neues. Neu daran ist nur das, was an der ursprünglichen Lehre der Katharer neu war; der positive Charakter der Sekte, wodurch sie natürlich tausendmal gefährlicher ist als der eigentliche Satanismus, weil dieser in der Negation wurzelt, einer Negation voll von Höllenangst und schlechtem Gewissen.

* *

Das Geschlecht allein ist die Grundaxe aller dieser Erscheinungen. Die ewig sich steigernden Forderungen des Geschlechtes zu stillen, seine Rache zu befriedigen, die verborgenen Kräfte kennen zu lernen, die geschlechtliches Glück geben können, ist der Grund, warum man sich dem Satan überläßt.

Aber es ist kein Glück. Nun wohl! Aber im Gebiet der Nacht, in dem Abgrund und dem Schmerz, findet man Rausch und Delirium. Man stürzt sich in die Hölle, aber man empfängt das Delirium, in dessen Rasereien man vergessen — vergessen kann.

Wisch mich weg von den Tafeln des Lebens, schreib mich ein in das Buch des Todes! Diese grandiose Formel ist der Schlüssel zu all diesen Sekten.

Der Tag, das ist die schwere schmutzige Last des Lebens, die furchtbare Qual des Lebenmüssens, die Nacht, das ist der Rausch, das Delirium, das Vergessen.

Für all die Thatsachen giebt es keinen moralischen Maßstab, den mag der fette Bürger anwenden, der seinen Kretinismus mit dem erwucherten Gelde kompensirt, diese Thatsachen müssen verstanden, in ihrem trostlosen, qualvoll schmerzlichen Abgrund verstanden werden.

Die verzweifelte Menschheit hatte nur einen Ausweg: sich zu berauschen. Und sie berauschte sich. Sie berauschte sich an Gift, berauschte sich an Schmutz, und all der Rausch gipfelte in der geschlechtlichen Extase, daß die Nerven rissen, daß der Mensch sich spaltete, daß er die entsetzlichsten, grausamsten Torturen erlitt, aber er vergaß wenigstens das Fürchterlichste, das, was über den Schmutz und Ekel seiner widerlichen Salben, seiner Heerden von Kröten, seiner abscheulichen Sakramente, aus Urin und Menstruationsblut gemischt, noch hinausgeht — er vergaß das Leben.

Daß er sich in aufsteigender Linie dem Verbrechen hingab, daß er mordete und tödtete, daß er in seiner Rache keine Grenzen kannte und lieber sich selbst aufgab, als daß er sich vom Verbrechen abschrecken ließ, war nur sein großes Recht, das Recht dessen, der sich in das Buch des Todes einschreiben ließ, — er verneinte das verhaßte Leben.

Daß er alle Gesetze brach, sie umkehrte, sie verhöhnte, beschmutzte, schändete, daß er das Herrschende, sei es Religion, sei es bürgerliche Institution, mit tiefstem Veracht behandelte, daß er lieber den Tod erdulden, als seine „Irrthümer" berichten wollte, das war wieder sein Recht, das Recht des Verzweifelten, das Recht dessen, der keinen Ausweg, keine Ruhe, keine schmerzlose Stunde findet: — er untergräbt die Bedingungen des Lebens.

Es war Größe darin, wenn eine Hexe, die der Henker befreien wollte, wenn sie sich ihm hingeben würde, ihm entrüstet zuruft: Ich, die dem Satan den Hinteren geküßt habe, sollte mich dir, dem Vollstrecker der Gesetze, hingeben?!

Und giebt nichts Positives?

Die Katharer haben es versucht, der Prophet des Karmel thut es auch: das Delirium, die Nymphomanie, die Satyriasis zu heiligen.

Traurige und erbärmliche Hypokrisie!

Satan-Paraklet in dem Sinne, wie es der heilige Geist ist, das ist Blödsinn; Satan, der das Leben schafft und es immer von Neuem zerstört, der Entwicklung erzeugt und sie immer von Neuem vernichtet, Satan kann kein Erlöser sein.

Aber er wird zum Paraklet des Bösen, er verkündet das große Gesetz, die Sünde in einer noch weit größeren untertauchen zu lassen, er lehrt es, das böse Leben durch eine Negation zu vergessen, durch die Extase der Instinkte — das Delirium.

Das ist der einzige Satan Paraklet: enivrez-vous!